CW01645323

E²

Publié originalement par la maison d'édition Hay House Inc. sous le titre E^2.

Traduction : Dominique Chichera-Mangione
Conception de la couverture : Amy Rose Grigoriou
Réalisation de la couverture : Marjorie Patry
Mise en pages : Josée Larrivée
Correction d'épreuves : Michèle Blais

© 2013 par Pam Grout.
© 2014, 2016, 2017, 2020 Guy Trédaniel Éditeur. pour la version française hors Canada.

ISBN : 978-28132-0705-0

www.editions-tredaniel.com
info@guytredaniel.fr

Limites de responsabilité :
L'auteure, la traductrice et la maison d'édition ne revendiquent ni ne garantissent l'exactitude, le caractère applicable et approprié ou l'exhaustivité du contenu de ce programme. Ils déclinent toute responsabilité, expresse ou implicite, quelle qu'elle soit.

Note de l'éditeur :
La traduction de cet ouvrage a été réalisée par un traducteur Québécois. Par respect du droit de la propriété intellectuelle, nous avons pris le parti de laisser les termes propres à la traduction originale.

PAM GROUT

E^2

9 expériences toutes simples qui prouvent que vos pensées créent votre réalité

Troisième édition

Guy Trédaniel éditeur
19, rue Saint-Séverin
75005 Paris

Pour Roosky.
Puisse ta lumière briller à tout jamais.

Table des matières

Avant-propos de Joyce Barrett, Ph.D. 11

Préface 15

Introduction 31

L'effondrement de l'onde : où nous apprenons que nous sommes très mal renseignés 31

Entrée en matière 53

Expérience #1: Le principe du Tout-Puissant 59
Il existe une force énergétique invisible ou un champ de potentialités infinies

Expérience #2: Le principe de la Volkswagen Jetta 75
Vous influencez le champ et vous attirez à vous des choses qui se manifestent en fonction de vos croyances et de vos attentes

Expérience #3: Le principe d'Alby Einstein 87
Vous êtes, vous aussi, un champ d'énergie

Expérience #4: Le principe Abracadabra 103
Ce sur quoi vous concentrez vos pensées se développe

Expérience #5: Le principe Cher Abby 127
Votre connexion au champ de potentialités procure une guidance précise et illimitée

Expérience #6: Le principe du super-héros 143
Vos pensées et votre conscience influent sur la matière

Expérience #7: Le principe Jenny Craig 159
Vos pensées et votre conscience servent de structure à votre corps physique

Expérience #8: Le principe des 101 dalmatiens 171
Vous êtes relié à tout et à tous les autres êtres humains de l'univers

Expérience #9: Le principe du pain et du poisson 185
L'univers est sans limite, prospère et étrangement accommodant

Épilogue: Encourageons-nous les uns les autres 201

Remerciements 205

À propos de l'auteure 207

Avant-propos

Quand j'étais enfant, j'ai demandé à ma catéchiste à l'école du dimanche pourquoi les miracles se produisaient dans les temps bibliques, mais ne semblaient plus se produire de nos jours. Elle n'eut aucune réponse à me donner et, petit à petit, j'en étais venue à penser que Dieu, l'Église et tout ce qui touchait à la religion étaient inutiles et j'ai relégué tous ces sujets très loin dans ma propre vie (même si je n'ai jamais cessé de désirer ardemment en connaître davantage). J'ai laissé la spiritualité derrière moi pour me pencher vers la science, qui a au moins essayé de m'expliquer le fonctionnement du monde.

Je considère comme un réel bienfait d'avoir trouvé les écrits de Pam Grout, qui aident ceux qui doutent, comme moi, à se reconnecter à ce désir de spiritualité. Elle déclare (d'une façon agréable et divertissante, en se mettant à la portée de tous) que l'énergie, la puissance et, oui, même les miracles existent, maintenant, et qu'ils sont à la disposition de tous. Les idées et les expériences présentées dans ce livre, dans un langage compréhensible, m'ont aidée à interpréter de nombreuses choses que les guides spirituels enseignent depuis des milliers d'années.

Je recommande fortement ce livre à tous ceux et à toutes celles qui cherchent à comprendre les notions spirituelles et la façon dont elles s'appliquent à chacun de nous, même quelqu'un qui, comme moi, entretient des doutes au sujet de l'institution qu'est la religion.

Comme Pam Grout le fait remarquer, rééduquer l'esprit, c'est un peu comme apprendre la propreté à un chiot— il faut le garder à l'extérieur et lui montrer la beauté, la grandeur et la vérité. Par des étapes simples et plaisantes, elle démontre au lecteur que les miracles arrivent encore de nos jours et qu'il existe une étonnante source d'énergie qui est à la disposition de tous.

Joyce Barrett, Ph.D.

Ex-biologiste de la NASA

La façon dont nous percevons la vie doit être écartée pour que la vérité puisse apparaître.

—Michele Longo O'Donnell, créatrice de Living Beyond Disease

Préface

Tout individu sérieusement impliqué dans la recherche scientifique devient convaincu qu'un Esprit est manifesté dans les Lois de l'Univers – un esprit éminemment supérieur à celui de l'homme et en face duquel nous devons, avec nos pouvoirs modestes, nous sentir remplis d'humilité.

— Albert Einstein, physicien théoricien d'origine allemande

Deux mois avant que je fête mon trente-cinquième anniversaire, mon amoureux de longue date m'a quittée pour une étudiante en droit de vingt ans à la peau foncée. N'oubliez pas que c'est à cette époque qu'était parue l'étude qui comparait une femme célibataire à un astéroïde, celle qui révélait publiquement que les femmes de plus de trente ans avaient presque autant de chances de se marier que d'être heurtées par un astéroïde.

Après plusieurs jours passés dans mon lit à admirer le ventilateur du plafond, j'en suis venue à la conclusion que j'avais encore deux choix à ma disposition. Je pouvais soit m'ouvrir les veines dans un bain chaud…, soit m'inscrire pour suivre un atelier d'un mois à Esalen, la Mecque de la croissance personnelle, à Big Sur en Californie. Sachant combien ma colocataire du moment aimait semer le désordre autour d'elle, j'ai choisi d'aller à Esalen.

Durant la deuxième soirée passée là-bas, j'ai rencontré un ancien surfeur, un bel homme nommé Stan, qui m'a convaincue de passer la soirée avec lui à écouter les vagues de l'océan qui venaient se briser contre les falaises. Nous avons fini par nous endormir dans une salle de massage, blottis l'un contre l'autre pour nous tenir chaud. Sans que cela fonctionne vraiment. Sur la côte du Pacifique, les vents peuvent être violents, et même avec nos corps serrés l'un contre l'autre, nous avons cru que nous allions mourir de froid. À bien y penser, cela aurait solutionné mon dilemme au sujet du suicide sanglant.

Si Stan n'avait pas été aussi adorable et si je n'avais pas cherché aussi désespérément à oublier l'idiot qui m'avait écartée de sa vie comme un vulgaire emballage vide de Doritos, j'aurais certainement trouvé une excuse pour aller réintégrer mon sac de couchage bien isolé. Mais je suis restée jusqu'au lendemain matin, quand les premières lueurs de l'aube ont révélé que pendant tout ce temps, il y avait un chauffage d'appoint près du tapis sur lequel nous étions blottis. Un chauffage d'appoint que nous aurions pu allumer et utiliser pour nous réchauffer !

En résumé, voilà le sujet de ce livre. Il y a un chauffage d'appoint — ou plutôt une énergie invisible — qui était à notre disposition pendant tout ce temps et nous n'avons pas pris la peine de le faire fonctionner. La majorité d'entre nous ne savons même pas que le « chauffage d'appoint » existe. Pour nous, la vie est comme un coup de dés. *C'est la vie**.

Ceux d'entre nous qui connaissent l'existence du chauffage d'appoint (c'est-à-dire le champ d'énergie grâce auquel nous pouvons donner un sens à nos vies) n'en comprennent pas le fonctionnement. Nous avons entendu des rumeurs voulant que la prière le déclenche et que le bon travail l'alimente. Mais personne ne semble en avoir la certitude. Ce guru nous dit de chanter. L'autre nous suggère de méditer. Celui de l'année dernière insistait pour que nous purifiions

*N.d.t. : En français dans le texte.

nos pensées et que nous élevions le niveau de nos vibrations. Alors, qu'en est-il ? L'énergie est-elle réellement aussi abstraite et mystérieuse ? Et pourquoi fonctionne-t-elle seulement de temps en temps ? Au mieux, elle est capricieuse et inconstante, certainement pas quelque chose sur lequel on peut compter.

Est-ce vrai ou pas ?

J'aimerais préciser que ce champ d'énergie invisible est totalement fiable. Il fonctionne chaque fois, comme un principe mathématique ou une loi physique. Deux plus deux font *toujours* quatre. Des balles qu'on laisse choir du haut d'un toit tombent *toujours*. La moindre de vos pensées affecte *toujours* la réalité physique.

Voir, c'est croire

Mes doigts sont solidement refermés sur tout ce que je crois savoir. La certitude est très utile, mais elle peut empêcher votre esprit de voir la vraie lumière.

— David O. Russell, réalisateur

Si vous avez lu *Le secret* ou si vous avez rejoint des cercles métaphysiques ou spirituels à un moment ou à un autre, vous savez déjà que vos pensées créent votre réalité, qu'il existe une puissance dans l'univers qui peut guérir, et que vous et vous seul créez votre propre vie. Malheureusement, il y a toujours ce tout petit problème, ce tout petit obstacle.

Vous n'y croyez pas vraiment. Pas totalement.

En fait, pour la plupart, nous reproduisons toujours la façon de penser de nos ancêtres. Nous croyons que nous dirigeons nos vies avec nos idées et nos pensées brillantes. Nous croyons que nous affirmons nos intentions et que nous créons de nouvelles possibilités, mais en fait, nous ne faisons que recycler des vieilles cassettes, des conditionnements instinctifs et des comportements automatiques, que nous intégrons, pour la plupart, avant l'âge de cinq ans. Nous sommes comme les chiens de Pavlov. Nous ne faisons que réagir à des modèles que nous avons adoptés avant que nous ayons l'intelligence de choisir de manière avisée.

Dans la majorité des cas, les pensées que nous croyons nous appartenir en propre sont en fait les croyances invisibles et largement incontestées dont nous héritons des autres. Ainsi, nous opposons nos pensées positives à nos anciennes pensées. Autrement dit, notre conscience, cette force qui affecte toujours la réalité physique, a été détournée.

Peu de temps après avoir obtenu mon diplôme universitaire, avoir trouvé un emploi, et avoir commencé à voler de mes propres ailes, j'ai remarqué que j'entretenais quelques pensées négatives au sujet de mes finances, qui retenaient toute mon attention. J'ai alors pris conscience que je m'inquiétais parce que je craignais de manquer d'argent ou parce que je me demandais si je pouvais m'offrir le nouveau vélo dont je rêvais ou le nouvel ordinateur dont j'avais besoin. Un jour, au cours d'une séance de jogging aux petites heures du matin, j'ai soudainement compris. Ces pensées étaient les répliques exactes de commentaires que j'avais souvent entendus dans la bouche de ma mère pendant mon enfance. Et même s'il n'y avait aucune raison pour que je cultive ces craintes dans ma propre vie, je les avais enregistrées directement dans ma conscience sans m'en rendre compte.

Inutile de vous dire que ce n'était pas un paradigme qui servait mes intérêts. J'ai donc décidé de le réécrire et de le réécrire vite. J'ai modifié en pleine conscience le paradigme qui influençait ma vie financière pour en faire : « Je peux me permettre d'acheter tout ce que je veux. En fait, je suis tellement prospère que je n'aurai plus jamais à m'inquiéter. » Étant moi-même auteure indépendante, j'ai également engagé Dieu en tant que PDG chargé de faire évoluer ma carrière professionnelle. Je me rendais bien compte que je ne pourrais en aucune façon poursuivre une carrière incertaine avec la nature pessimiste et les pensées négatives dont j'avais hérité. Il était clair qu'il me fallait trouver une nouvelle façon de penser.

La réalité a changé, mon vieux !

Si nous avions travaillé sur l'hypothèse que ce qui est accepté comme vrai est vrai, nous aurions eu peu de chance de progresser.

— Orville Wright, inventeur d'origine américaine

Même s'il a été prouvé que la façon réductionniste et mécanique de voir le monde est défectueuse, elle est toujours profondément ancrée et gravée dans notre culture. Des neuroscientifiques nous ont dit que 95 pour cent de nos pensées sont contrôlées par notre esprit subconscient préprogrammé. Au lieu de vraiment penser, vous regardez un « film » du passé.

Si vous n'étiez pas sans cesse bombardé par ce tourbillon de pensées surannées et fragmentées, vous pourriez modifier votre vie à volonté. Vous n'auriez aucune crainte à propos de l'argent, vous n'auriez que des relations harmonieuses et vous seriez tellement satisfait qu'il ne vous viendrait jamais à l'idée de choisir un livre comme celui-ci.

Pour être tout à fait franche, je suis ravie que vous l'ayez fait. Ce petit livre vous prouvera une fois pour toutes que vos pensées ont du pouvoir et qu'un champ de potentialités infinies s'offre à vous. Il vous aidera à modifier la façon de penser désuète qui dirige votre vie.

Au lieu d'ouvrir un grand débat, le même grand débat que vous pouvez trouver dans tous les autres livres qui parlent de changer la réalité, ce livre propose neuf expériences faciles à faire qui offrent une preuve en temps réel. Il vous permet de passer du stade de « savoir » que vos pensées créent la réalité au stade de « vérifier » que cela arrive sur une base quotidienne, décision après décision.

À ce point, ce n'est encore qu'une théorie. Le fait de constater de vos propres yeux que vous transformez la réalité simplement en l'observant reconnectera votre cerveau et vous détournera de votre ancien conditionnement. En apprenant, grâce à des expérimentations scientifiques, à quel point vous êtes profondément connecté au champ de potentialités, vous vous sentirez littéralement libéré.

La magie que nous avons jetée par-dessus bord

Oh Dieu, comme les gens aiment encore énormément être enfermés dans une cage.

— Tess Lynch, auteure, dame du monde et essayiste

La physique quantique détermine le *champ* comme « des forces mouvantes invisibles qui exercent une influence sur l'univers physique ». Dans ce livre, vous apprendrez à utiliser ce champ de potentialités (j'aime l'appeler le CP) à votre avantage. Puisque l'énergie est invisible et puisque nous suivons toujours des principes désuets qui placent le matériel en première ligne, nous n'avons pas appris à véritablement maîtriser cette composante de base fondamentale.

Pendant les vingt-et-un jours à venir, pratiquement le temps qu'il faut pour mener à bien les expériences proposées dans ce livre, vous aurez l'occasion exceptionnelle de développer une relation consciente avec l'énergie (même la matière, dit l'expert en physique quantique David Bohms, n'est rien d'autre que de la « lumière gelée ») et d'apprendre à la transformer et l'amener à devenir ce que votre cœur désire — que ce soit la paix de l'esprit, de l'argent ou une carrière plus gratifiante. Vous pouvez même influencer le CP pour profiter de vacances à Tahiti.

Prenez mon cas, par exemple. Il y a quelques années, j'avais décidé de passer un mois en Australie. Un chiropracteur qui m'attirait beaucoup venait de s'installer là-bas pour travailler avec les Aborigènes. Comment, me demandais-je, allons-nous pouvoir tomber amoureux alors que je vivais au Kansas et qu'il était à plus de dix-sept mille kilomètres de moi ? Un regard à mon état de compte bancaire aurait convaincu n'importe quelle personne raisonnable qu'il n'était pas question d'acheter un billet d'avion à 1 500 $, le prix du voyage aller à cette époque. Mais je voulais y aller, et j'avais la chance de connaître l'existence du champ de potentialités qui pourrait faire en sorte que cela se réalise.

J'ai commencé à planifier le voyage. Je me voyais faire du surf dans les rouleaux à Sydney. Je veux dire que mon esprit était littéralement imprégné de cette image.

Au cours de cette même semaine, mon éditrice au magazine *Modern Bride* me téléphona.

— Je sais que je m'y prends un peu tard, commença-t-elle, mais voudriez-vous aller en Australie pour écrire un article sur une lune de miel ? Nous vous paierons en extra.

— Bon, d'accord, répliquai-je. Si vous insistez.

Vous pouvez transformer l'énergie pour qu'elle guérisse et modifie votre corps. Je faisais une randonnée avec une amie dans les plaines près de Steamboat Springs au Colorado. En grimpant le seul chemin du parc, elle trébucha sur une roche, tomba et observa avec horreur sa cheville qui commençait à enfler. Enfin, cette cheville *enflait*. Ça n'aurait pas été un problème si cela s'était passé près d'une clinique de soins, mais n'oubliez pas que nous étions à soixante-dix minutes (à condition de marcher vite, ce qu'elle ne pouvait pas faire puisqu'elle boitait) de la cabine téléphonique la plus proche, alors ne parlons pas d'une clinique de soins. Je lui dis alors de donner l'ordre à son corps de cesser d'enfler. Elle se mit à crier « Cesse d'enfler ! Guéris ! Cesse d'enfler ! Guéris ! »

« Tu peux le dire sans crier », lui rappelai-je.

Nous avons réussi à rejoindre le campement et elle n'a jamais eu besoin de voir un docteur.

CP = PI (potentialités infinies)

La vie est partout, le futur fleurit partout,
mais nous n'en voyons qu'une petite partie et
nous en foulons du pied la plus grande partie.

— Hermann Hesse, poète et romancier suisse allemand

Les neuf expériences proposées dans ce livre, dont la majorité demande 48 heures ou moins, prouveront que le CP, comme l'électricité, est fiable, prévisible et disponible pour tout le monde, de saint François d'Assise à Barbara Walters. Elles prouveront ce que les physiciens ont découvert au cours des cent dernières années — que le champ nous connecte tous et que nous contrôlons nos vies parce que chaque pensée que nous avons est une onde d'énergie qui affecte tout dans l'univers.

Mais, comme pour l'électricité, vous devez vous y connecter. Et vous devez cesser d'être aussi indécis. Aucune personne sensée n'appellerait Sears pour dire : « Oh, envoyez-moi simplement quelque chose que j'aime. » De même, vous ne téléphoneriez pas à un plombier pour qu'il vienne réparer vos toilettes en lui disant : « Venez quand il vous plaira. » Pourtant, c'est ainsi que la plupart d'entre nous communiquons avec le champ. Nous sommes craintifs, confus et nous n'avons aucune idée de la façon réelle dont il fonctionne.

Le livre E^2 ne se contente pas d'expliquer comment fonctionne le CP, mais il propose neuf expériences, chacune pouvant être menée sans avoir besoin d'argent et en ayant peu de temps à y consacrer, pour prouver que les pensées sont de véritables « choses » physiques. Oui, vous avez bien lu ; *prouver*.

Les neuf principes d'énergie proposés dans ce livre confirmeront que le CP est à l'œuvre dans votre vie, que vous ayez conscience de son existence ou non. Vous apprendrez que ces principes sont plus profonds que les lois physiques et chaque partie aussi fiable que la gravité — lorsque vous aurez appris à définir vos intentions de manière précise et claire. Et lorsque vous accepterez de fixer des dates limites et de surmonter cette folle illusion que quelque chose — vous ne savez pas vraiment quoi — cloche chez vous. Pour actionner efficacement ces lois spirituelles, vous devez sentir au plus profond de vous-même que l'univers est généreux et qu'en tout temps, il veille sur vous.

Je ne me souviens pas du moment exact où j'ai commencé à pratiquer mes propres expériences dans ma vie. Je sais toutefois qu'il est devenu de plus en plus clair pour moi que toutes les théories, les livres et les séminaires dans le domaine spirituel qui me fascinaient tellement étaient foncièrement inutiles si je n'y participais pas pleinement.

Comme la plupart des personnes, j'ai commencé par des étapes simples — faire des souhaits simples comme trouver une place de stationnement devant l'endroit où je me rendais, trouver des trèfles à quatre feuilles, obtenir des entrevues avec des personnalités en vue. Mais le « résultat » qui m'a finalement convaincue que mettre en place une structure, fixer une date limite et utiliser une expérience à connotation scientifique étaient des étapes nécessaires à la véritable croissance spirituelle, était ce à quoi je réfère maintenant comme le miracle du clou.

Pendant des années, j'ai accroché un calendrier près de mon lit et je le décrochais de temps en temps pour noter des évènements importants ou pour retrouver la date de ma dernière séance chez le coiffeur, ou celle de ma rencontre avec une certaine personne ou celle de ma dernière visite chez le dentiste. Une nuit, j'ai saisi le calendrier avec un peu trop d'empressement et j'ai fait tomber le clou qui le retenait au mur. Je me suis alors mise à quatre pattes par terre pour le chercher. Un petit clou ne pouvait pas aller bien loin, n'est-ce pas ? Je regardai, encore et encore et encore. Apparemment, ce petit clou avait servi à fixer une pendule invisible de style Harry Potter, car il n'était nulle part.

Je finis par conclure que j'avais passé suffisamment de temps à ramper sur le tapis et que j'allais simplement envoyer un souhait pour qu'il apparaisse. Et ce dans les vingt-quatre heures.

Le lendemain matin à mon réveil, le clou était niché au creux de ma main, entre le pouce et l'index. Depuis ce jour, j'ai continué le processus pour que se produise toutes sortes de choses agréables, allant de rendez-vous avec des hommes séduisants à un voyage d'écriture ou à une Toyota Prius, mais aucune d'entre elles ne m'a fait la même impression que le simple petit clou.

J'ai obtenu des résultats tellement convaincants de mes propres expériences que j'ai décidé qu'il était temps de les reproduire, pour voir s'ils fonctionnaient aussi bien pour les autres. J'ai commencé à parler de ces expériences simples à des amis. Une collègue, ministre du culte de l'église Unity, obtint que tous les membres de sa congrégation utilisent les rapports d'expérience que vous trouverez à la fin de chaque chapitre.

Avant longtemps, les jeunes membres de la congrégation déplaçaient visiblement l'énergie avec leurs baguettes Einstein faites à la main. Chaque semaine, des groupes étaient formés pour faire des expériences régulières. Les gens faisaient se produire toutes sortes de choses étonnantes.

Ce dont je suis certaine, c'est que la meilleure façon, et peut-être la seule, de comprendre un principe spirituel n'est pas de lire un livre traitant de ce sujet ou d'écouter un orateur en parler du haut d'un podium, mais de le mettre en pratique, ce qui permet de démontrer comment il fonctionne. En le voyant en pleine action, comme ce sera le cas au cours de ces expériences, vous pourrez vérifier et vous convaincre de son efficacité. Et c'est la seule chose qui vous libérera définitivement de votre structure mentale « désuète ».

Le nouveau curriculum

Je dois le trouver ici, immédiatement, apparaissant soudain, de façon incontrôlée, au milieu d'une vie ordinaire, négligée et nulle.

— Bob Savino, poète et sage de Kansas City

1. **Le principe du Tout-Puissant** – C'est le principe de base, le fondement sur lequel reposent tous les autres principes. En résumé, il dit : « Il existe une force énergétique invisible ou un champ de potentialités infinies. » L'expérience peut être décrite comme un ultimatum. Vous allez donner à la force très précisément quarante-huit heures pour manifester sa présence. Vous allez demander un signe clair et imparable, quelque chose qui ne peut être vu comme une coïncidence.

2. **Le principe de la Volkswagen Jetta** – Vous souvenez-vous de la voiture neuve que vous avez achetée il y a quelques années ? Quand vous avez décidé que c'était la voiture de vos rêves, vous aviez l'impression qu'elle était unique. Vous imaginiez que vous seriez le seul à en conduire une. Mais, le temps que vous preniez connaissance de ses caractéristiques dans un magazine spécialisé, que vous calculiez le montant que vous étiez prêt à débourser, et que vous vous rendiez

chez le concessionnaire, vous avez remarqué que presque systématiquement, la neuvième voiture qui passait était une Volkswagen Jetta ou la voiture que vous vouliez.

Et c'est la même chose quand vous commencez à penser à quelque chose — vous l'attirez dans votre vie.

Toutes les pensées que nous avons et tous les jugements que nous portons exercent une influence sur le champ de potentialités. En fait, la réalité n'est rien d'autre que des ondes de possibilités que nous avons « observées » alors qu'elles prenaient forme. Ce principe déclare : « Vous influencez le champ et vous attirez à vous des choses qui se manifestent en fonction de vos croyances et de vos attentes » et pour le prouver, nous avons mis au point la déclaration d'intention suivante : « Voilà ce que je veux tirer du champ dans les prochaines quarante-huit heures. »

3. **Le principe d'Alby Einstein** — Même si ce principe « Vous êtes, vous aussi, un champ d'énergie » est un des principes spirituels de base, il est en fait apparu dans un laboratoire de physique. Oui, ce sont les scientifiques qui ont découvert que, malgré toutes les apparences laissant croire le contraire, les êtres humains ne sont pas de la matière, mais des ondes d'énergie sans cesse en mouvement. En fait, vous avez probablement remarqué que le titre de ce livre est un jeu de mots basés sur la célèbre équation d'Einstein.

   C'est la seule expérience qui nécessite un équipement — un équipement conçu spécialement et parfaitement réglé. D'accord, il s'agit d'un cintre métallique (un article qui se trouve dans votre placard, à moins que vous soyez une véritable souillon) et d'une paille à boisson, un accessoire que vous pouvez facilement vous procurer gratuitement dans n'importe quelle chaîne de restauration rapide.

4. **Le principe Abracadabra** — La majorité des personnes associent le mot *abracadabra* aux magiciens qui sortent des

lapins de leurs chapeaux. C'est en réalité un terme araméen qui signifie: «Je créerai par mes paroles.» Il s'agit d'un concept très puissant. C'est pourquoi Edison annonçait souvent l'invention d'un dispositif avant de l'avoir réellement inventé. C'est la raison pour laquelle Jim Carrey a signé un chèque de 10 millions de dollars à son propre profit bien longtemps avant d'avoir tourné son premier film.

Ce principe dit simplement: «Ce sur quoi vous concentrez vos pensées se développe», et dans l'expérience, vous apprendrez qu'il n'y a rien de tel qu'une pensée arrêtée et que la plupart d'entre nous acceptons trop facilement les vagabondages de notre esprit.

5. **Le principe Cher Abby** — Ce principe déclare: «Votre connexion au champ procure une guidance précise et illimitée.» En réalignant votre conscience, vous pouvez obtenir des réponses fiables à toutes les demandes que vous faites. La raison pour laquelle vous ne le savez pas est que vous avez pris l'habitude très peu naturelle de vous sentir séparé, de ne pas être en communion avec le CP.

6. **Le principe du super-héros** — Au cours de cette expérience, régie par le principe «Vos pensées et votre conscience influent sur la matière», vous reproduirez une expérience menée par le docteur Gary Schwartz, un professeur de l'université d'Arizona, qui a démontré que les plantes qui avaient reçu un vœu poussaient plus vite et reflétaient plus de lumière que les mêmes plantes qui n'en avaient pas reçu.

7. **Le principe Jenny Craig** — Que vous lisiez ou non les étiquettes, vous savez que les aliments que vous mangez vous apportent certains minéraux et vitamines et, bien sûr, des calories. Vous croyez probablement que la liste des ingrédients entrant dans la composition de ces aliments est véridique, que s'il est indiqué au dos du pot de yogourt qu'il contient

187 calories, c'est qu'il contient 187 calories. Ce que vous ne savez peut-être pas, c'est que vos pensées concernant vous-même et votre nourriture sont en contact perpétuel avec votre corps. Et que lorsque vous vous sentez coupable d'avoir consommé des calories, votre nourriture capte une vibration négative qui revient directement sur vous. Avec cette expérience, vous démontrerez le principe « Vos pensées et votre conscience servent de structure à votre corps physique », en imprégnant votre nourriture d'amour.

8. **Le principe des 101 dalmatiens** — Ce très important principe spirituel stipule que « Vous êtes relié à tout et à tous les autres êtres humains de l'univers. » Les scientifiques appellent ce concept la non-localité, et si vous regardez la version dessin animé des *101 dalmatiens*, vous le verrez en action. Vous rappelez-vous le moment où les méchants qui escortent Cruella De Vil tentent de capturer les chiots qui se sont échappés ? Le vieux terrier écossais dans la grange où ils se sont réfugiés aboie pour demander de l'aide au basset Hound du comté voisin, qui, à son tour, aboie le message à un teckel, qui se trouve plus loin sur la route. Il n'y a que dans la physique quantique que la communication est instantanée. À l'instant même où le terrier écossais apprend que les chiots ont besoin d'aide, le teckel, qui se trouve à trente kilomètres de là, en est informé, lui aussi. Tout ce qui affecte une particule est instantanément transmis à l'autre. Au cours de cette expérience, vous enverrez des messages à des personnes se trouvant à des endroits différents sans avoir recours au système de messagerie électronique, à la poste ou à d'autres moyens de communication plus bruyants.

9. **Le principe du pain et du poisson** — Ce principe énonce : « L'univers est sans limite, prospère et étrangement accommodant. » Il prouvera également que vos peurs sont inutiles et qu'il peut être bénéfique de prendre une profonde inspiration.

Une vision plus vraie et plus vaste

Vous ne pouvez jamais changer les choses en combattant la réalité existante. Pour changer quelque chose, bâtissez un nouveau modèle qui rend le modèle existant obsolète.

— Buckminster Fuller, futuriste américain

J'espère qu'il est réconfortant de savoir que vous ne serez pas le premier à considérer votre vie comme une expérience. Quand feu l'illustre R. Buckminster Fuller avait trente-deux ans, il décida de conduire une expérience pour voir ce qu'un inconnu sans le sou pouvait faire au nom de l'humanité.

Se considérant lui-même comme un cobaye, il a consacré sa vie à amener des changements dans le monde.

Au moment où il commença l'expérience, il était ce que vous pourriez appeler un « moins que rien. » Ruiné et sans emploi, il avait une épouse et un enfant à sa charge. Son premier enfant, la sœur aînée du bébé, venait juste de mourir et il s'était mis à boire.

Son avenir ne semblait pas prometteur. Mais il décida de laisser le passé derrière lui et d'abandonner les pensées restrictives. Il désirait savoir « Que peut faire une personne pour changer le monde ? »

Pendant les 56 années suivantes, il se consacra à son unique expérience. Il prit des risques et se demanda « Et si… ? »

Non seulement il devint architecte, inventeur, auteur et un grand meneur d'hommes, mais entre 1927, année où il débuta son expérience, et son décès en 1983, il écrivit 28 livres, reçut 44 diplômes honoraires, déposa 25 brevets américains et changea littéralement la façon dont les humains se considéraient.

C'est ce que, je l'espère, E^2 fera pour vous. J'espère qu'il changera la façon dont vous vous voyez. J'espère qu'il vous incitera à faire une expérience de votre propre vie, à utiliser votre énergie pour devenir l'être humain le plus fantastique, le plus joyeux, merveilleux, magnifique et tendre que possible.

Introduction

L'effondrement de l'onde : où nous apprenons que nous sommes très mal renseignés

La plus grande illusion de l'homme tient à sa conviction qu'il existe des causes autres que son propre état de conscience.

— Neville Goddard, auteur et mystique

Un illusionniste digne de sa baguette magique comprend que le plus important dans son numéro de tours de passe-passe est la diversion. Un magicien détourne l'attention de ses spectateurs de ce qu'il fait réellement et la dirige vers un autre point qui semble crucial mais qui, bien entendu, ne l'est pas.

C'est précisément ce que nous avons fait — nous avons détourné toute notre attention vers le monde physique. Ces « illusions » sensorielles nous ont amenés à oublier le fait que ce qui est invisible, ce que nous ne pouvons voir avec nos yeux, est en fait plus fondamental à la vie que ce que nous voyons.

La physique quantique nous dit que le domaine de l'énergie invisible — dont il est fait référence collectivement comme *le champ* ou le « CP » comme je l'appelle — est la force gouvernante primaire du domaine du matériel. C'est le schéma qui forme la réalité. D'ailleurs, nous savons maintenant que l'univers n'est en fait constitué que d'ondes et de particules d'énergie qui se conforment à nos attentes, nos jugements et nos croyances.

Des énergies subtiles, des pensées, des émotions et la conscience jouent les rôles principaux dans nos expériences de vie, mais étant donné qu'elles sont invisibles, nous n'avons pas essayé de les comprendre ou de les utiliser en notre faveur. Pour changer le monde, il suffit tout simplement de changer ces attentes et ces croyances. C'est vraiment aussi simple que cela. Attirer quelque chose dans le monde physique requiert que nous nous concentrions non sur ce que nous voyons, mais sur ce que nous voulons voir.

Bonnes, bonnes, bonnes vibrations

Le phénomène El Niño de la conscience humaine a fait son apparition.

— Dianne Collins, auteure de *Do You Quantum Think ?*

Bon, disons-le : « Comment quelque chose d'aussi simple qu'une pensée peut-elle influencer le monde ? » Laissez-moi simplement vous faire remarquer qu'il y a une centaine d'années, personne n'aurait cru, non plus, que des chansons chantées par des concurrents d'*American Idol* pourraient traverser la brique, le verre, le bois et l'acier et être relayées par des tours de transmission pour arriver jusqu'à votre poste de télévision. Personne n'aurait cru qu'un téléphone portable, pas plus épais qu'un jeu de cartes, vous permettrait de parler à votre sœur se trouvant à plus de trois mille kilomètres de vous.

Vos pensées, comme les 289 chaînes de télévision et comme votre voix dans le téléphone portable sont des ondes vibratoires. Quand vous entendez Eminem parler de sa fille, Hailie, sur un rythme de rap, votre tympan perçoit une onde de son vibratoire. Quand vous voyez la canne de Brad Pitt ou l'unique gant en cuir de Madonna (des accessoires avec lesquels ils sont apparus à la cérémonie de remise des Golden Globes 2012), vous voyez en fait des schémas de vagues de lumière vibratoire.

Et c'est ce que sont vos pensées — des ondes d'énergie vibratoire qui interfèrent et influencent le CP. Chaque pensée que vous avez, que vous avez eue ou que vous aurez, crée une vibration qui s'insère dans le CP en s'étendant à l'infini. Ces vibrations rencontrent d'autres vibrations et s'entrecroisent en formant un incroyable labyrinthe d'énergie. Assemblez une assez grande quantité d'énergie et cette masse se transforme en matière. Souvenez-vous de la déclaration d'Einstein — la matière est constituée d'énergie.

Le champ des potentialités ne fait que suivre l'énergie que vous avez envoyée. Et les vibrations de vos pensées attirent d'autres vibrations qui s'accordent. En voici un petit exemple : il y a quelques années, je voulais un presse-purée. Je n'en ai parlé à personne. Je me suis contenté de déclarer mentalement mon intention : *La prochaine fois que tu seras au magasin Walmart, achète un presse-purée*. Le soir même, mon amie Wendy, qui avait nettoyé ses tiroirs, s'est arrêtée chez moi avec quelques ustensiles de cuisine dont elle n'avait plus besoin, incluant un presse-purée. Une autre fois, j'ai décidé qu'il fallait que je m'entoure de plus de rires dans ma vie. Dans un délai de deux semaines, j'ai commencé à fréquenter Todd, un collègue plein d'humour qui a fini par devenir comédien.

Les coïncidences que nous constatons dans nos vies ne sont que l'énergie et le CP en action. La plupart du temps, nous utilisons l'énergie par inadvertance, totalement inconscients du fait que ce que nous pensons, disons et réalisons fait une différence. Par conséquent, nous activons ce pouvoir sans limite pour suivre un programme par défaut qui ne fait pas appel à l'imagination ou à la possibilité.

Les gens croient que Jésus est le commencement et la fin de tout, car c'est avec une grande maîtrise qu'il manipulait l'énergie et la matière. Mais, comme il l'a si bien affirmé avec beaucoup d'émotion (même si ce ne sont pas ses mots exacts) : « Vous pouvez être comme moi. »

Je suis une mère célibataire, pas exactement le meilleur « stéréotype » dans lequel être intégrée. Comme être noir ou être juif, cette situation soulève quelques idées préconçues. Les gens s'attendent automatiquement à ce que je sois pauvre, peut-être même que je vive de l'aide sociale.

Bien que ce soit certainement un des créneaux possibles, je préfère me pencher sur un créneau différent et me concentrer sur une réalité différente.

Voici la présentation qui est inscrite sur mon site web : « Pam Grout est une grande voyageuse, une mère aimante, une auteure de livres à succès, une millionnaire et un témoin inspiré des gens qu'elle rencontre. » J'ai commencé à me concentrer sur ces choses il y a vingt ans, alors que je n'avais pas encore d'enfant, alors que je ne parcourais pas encore le monde ou alors que je n'avais pas encore écrit de livre, et par conséquent, alors que je ne m'aimais pas beaucoup. Je me suis concentrée sur ce que je voulais réaliser, car à présent, je peux dire fièrement que toutes ces affirmations, à l'exception d'une seule, sont vraies. Je vous laisse deviner laquelle il me reste à réaliser. Jusqu'à présent, j'ai écrit 16 livres, deux scénarios, une série pour la télévision et suffisamment d'articles de magazines pour que je ne sois pas morte de faim pendant les vingt dernières années, sans avoir un emploi régulier. Je tiens un blogue sur mes voyages (www.georgeclooneyslepthere.com) qui m'a fait visiter les sept continents. J'ai écrit des articles sur tous les sujets, allant du saut à l'élastique en Nouvelle-Zélande à l'achat de tapis au Maroc en passant par la cueillette du café au Nicaragua.

Il me reste à sauter d'un avion, mais je dois garder quelque chose pour mon quatre-vingt-dixième anniversaire.

La première étape sur la voie de l'éveil spirituel : abandonner votre puissant attachement à la réalité conventionnelle

Nous sommes tous prisonniers d'une histoire.

— DANIEL QUINN, AUTEUR D'*ISHMAEL*

La réalité n'est pas tout ce qu'elle est supposée être.

En fait, il n'est pas exagéré de dire que tout ce que vous considérez comme vrai ne l'est pas. Depuis plus de cent ans maintenant, les physiciens ne savent pas quoi faire avec le fait que la vision classique du monde de Newton n'a absolument aucune influence sur la façon dont le monde fonctionne au plus profond de lui-même. Le domaine subatomique défie ainsi toute la raison et la logique que la plupart des scientifiques, craignant de compromettre leur formation académique, ont plus ou moins ignoré le fait que la vie n'a rien à voir avec ce que nous prétendons.

En fait, c'est si étrange — des particules sortant de nulle part, le temps qui ralentit et s'accélère, des particules réagissant et communiquant entre elles même à des milliers de kilomètres l'une de l'autre — que la seule chose que les scientifiques ont fait jusqu'à présent avec cette information est de développer la technologie qui nous permet de nous détruire, d'envoyer des messages textes, de recevoir des messages via le téléphone portable et de faire réchauffer nos plats congelés au micro-ondes.

Même les deux principales composantes de la réalité physique — l'espace et le temps — ne sont pas ce qu'ils semblent être. Ces deux principaux éléments de base ne sont rien d'autre que des illusions d'optique extrêmement convaincantes. Des physiciens, comme Bernard d'Espagnat, récipiendaire en 2009 du prix Templeton de 1,4 million de dollars, nous disent qu'il est grand temps que nous transigions avec notre ancienne formule régissant la loi naturelle pour adopter une vision de la réalité radicalement différente et plus précise : à savoir que c'est cette conscience elle-même qui crée le monde matériel.

Même si tous les physiciens de la planète connaissent l'univers étrange où la matière fait son apparition dans l'existence à partir de rien et où les électrons peuvent sauter d'une orbite à une autre sans voyager dans l'espace intermédiaire, la majorité d'entre eux ont choisi de l'ignorer, de hausser les épaules et d'utiliser la bonne vieille solution du « On verra bien ! »

Ce n'est pas qu'ils soient dans le déni le plus complet. Comme je l'ai mentionné, ils ont utilisé les nouvelles découvertes de la physique pour développer les rayons laser, les transistors, les supraconducteurs et les bombes atomiques. Mais ils ne savent même pas expliquer comment fonctionne ce monde quantique. Comme l'a fait observer le physicien James Trefil : « Nous avons rencontré une zone de l'univers que nos cerveaux ne sont tout simplement pas équipés pour comprendre. »

Quelques physiciens courageux commencent à reconnaître que leurs précieuses hypothèses peuvent être erronées. Ils admettent que les principes fondamentaux de la réalité matérielle ne tiennent pas. Certains sont même assez courageux pour reconnaître que la conscience elle-même crée le monde physique. (Comme le docteur Fred Alan Wolf, un physicien très connu sous le nom de Docteur Quantum déclare : « Tout se résume à cela — l'univers n'existe pas sans la perception de cet univers. »)

La seule chose que j'ai à dire est : « Il est temps. »

Un cours en miracles, un programme d'auto-étude en psychologie spirituelle que j'anime et enseigne depuis vingt-cinq ans, a toujours préconisé l'idée que la conscience crée le monde matériel. Il est dit que nous, les humains, décidons à l'avance de la façon dont nous allons appréhender la vie, que nous choisissons à l'avance ce que nous voulons voir.

Le problème est que nous observons tous le monde avec un grand poids sur nos épaules. La seule chose à faire pour changer le cours de nos petites vies est de surmonter notre rancune actuelle contre le monde pour voir et espérer de façon active une réalité différente. Pour le moment, nous consacrons tout notre temps et toute notre attention (notre conscience, si vous voulez) à des choses que nous ne voulons pas.

Mais ce n'est rien d'autre qu'une mauvaise habitude. Et comme toute mauvaise habitude, elle peut être changée en déployant un effort conscient et délibéré.

Ce n'est pas tout à fait ce que l'on croit

L'idée qu'un homme se fait de son environnement, basée sur l'expérience des cinq sens, n'est plus adéquate et dans bien des cas plus valable.

— Shafica Karagulla, M.D., psychiatre d'origine turque

Pour le moment, la planète sur laquelle vous vivez tourne sur elle-même à environ 1 500 kilomètres/heure. Elle parcourt une orbite autour du Soleil à une vitesse étonnante de 106 000 kilomètres/heure. À moins que vous ayez bu un ou deux pichets de bière, vous ne ressentez probablement pas ce mouvement. Ce n'est qu'un petit exemple de la façon dont nous déformons la réalité.

Il s'avère que presque tous les concepts et les jugements que nous prenons pour acquis sont des déformations. Très tôt — disons, au moment de la naissance — nos esprits établissent un modèle de perception, puis commencent à éliminer toutes les autres choses. Autrement dit, nous expérimentons seulement les choses qui s'accordent avec notre perception très limitée.

Une fille des Philippines m'a expliqué que ce n'est que quelques semaines, voire quelques mois, après son arrivée aux États-Unis qu'elle avait remarqué que certaines personnes avaient les cheveux roux, incluant des gens qu'elle connaissait et avec qui elle faisait affaire sur une base régulière. Les cheveux roux entraient en contradiction avec ce qu'elle était conditionnée à voir et ce à quoi elle s'attendait. Donc, pendant plusieurs mois, elle était restée subjectivement aveugle aux cheveux roux et les avait vus comme les cheveux bruns auxquels elle était habituée.

Les scientifiques savent maintenant que le cerveau reçoit 400 milliards de fragments d'information chaque seconde.

Pour vous donner une idée de la quantité d'information que cela représente, examinez ce qui suit : il faudrait environ 600 000 livres d'une épaisseur moyenne pour simplement imprimer 400 milliards de zéros. Inutile de dire que c'est vraiment beaucoup. Alors, que faisons-nous ? Nous commençons à filtrer. Nous commençons à mettre des limites. *Je vais prendre cette bribe d'information et voyons – celle-ci s'accorde parfaitement avec l'idée que je me fais du sexe opposé.* Quand tout est dit et fait, il ne reste plus que 2000 minuscules portions d'information. Sentez-vous bien d'avoir réussi cela car même cette quantité est impressionnante. Nous parlons de 2000 parcelles d'information chaque seconde. Mais voilà le problème. Ce que nous choisissons de garder ne représente que la moitié d'un millionième d'un pour cent de ce qui est à notre disposition.

Supposons que chaque point exécuté avec la pointe d'un stylo à bille est une portion d'information. Je me suis entraînée, et le maximum de points que je peux raisonnablement faire en une seconde est cinq. Mais soyons généreux et supposons que vous êtes meilleur que moi à cet exercice et que vous pouvez faire dix points par seconde. Là encore, nous présumons que chaque point représente une parcelle d'information. Pour faire autant de points que votre cerveau peut en traiter en une seconde prend presque trois minutes et demie à votre rythme maximum de dix points par seconde. Mais si votre cerveau traitait toute l'information disponible (400 milliards de points), il lui faudrait 821 ans !

Sans cesse, nos cerveaux passent en revue toutes les possibilités et sélectionnent les renseignements qui doivent être vus et crus. Par pure paresse, nous choisissons de percevoir — et ne nous y trompons pas... c'est bien un choix — ce que nous connaissons déjà. C'est ce que nous avons assimilé dans le passé. Nous ne voyons, ressentons, goûtons, touchons et sentons pas le vrai monde, mais une version du monde très condensée, une version que nos cerveaux inventent littéralement. Le reste défile sans être reconnu. John Maunsell, professeur de neurobiologie à l'université d'Harvard, déclare : « Les gens croient qu'ils voient ce qui existe réellement, mais ce n'est pas le cas. »

Lorsque votre cerveau a décidé ce qu'il allait intégrer, il construit des ponts entre les différentes cellules nerveuses et entrelace les fibres nerveuses, pour créer des voies neurales. L'être humain moyen possède 100 milliards de cellules nerveuses qui ont chacune d'innombrables ramifications. Par conséquent, différentes routes sillonnent chaque cerveau humain. La carte des voies neurales dans votre cerveau et, disons, celle des voies neurales dans le cerveau de Johnny Depp sont aussi différentes que les cartes du Wisconsin et du Rhode Island.

Lorsque les voies neurales sont établies, vous cessez de voyager à travers le reste du pays. L'autoroute inter-États 70 dans l'État du Kansas où je vis en est une parfaite métaphore. Croyez-le ou non, le Kansas — l'État qui est représenté en noir et blanc dans *Le magicien d'Oz* — contient en fait de nombreux sites géologiques. Par exemple, dans le coin nord-ouest de l'État, se trouvent un Grand Canyon miniature et une immense formation de roche calcaire d'une hauteur équivalente à un immeuble de sept étages dans un site appelé Castle Rock, près de la ville de Quinter. Mais étant donné que la majorité des automobilistes traversent le Kansas sans quitter l'autoroute inter-États 70, ils ne savent pas que ces formations géologiques existent. Ils passent littéralement à côté de toutes ces merveilles de la nature et en concluent, à tort, que le Kansas est un état plat et ennuyeux. Mais ce n'est pas la réalité.

Comme ces automobilistes qui n'empruntent que les autoroutes parce que c'est l'itinéraire le plus plat, le plus rapide, et le plus pratique, nous établissons nos voies neurales selon les routes les moins compliquées — celles que nous avons déjà empruntées de nombreuses fois. Mais en agissant ainsi, nous ne voyons pas toute la réalité. Loin s'en faut. Nous ne commençons même pas à voir tout ce qui existe — seulement trois minutes et demie, comparé à 821 ans.

Les routes et les autoroutes de nos cerveaux se mettent en place très tôt. Toutes les possibilités existent dès notre naissance. Prenons le langage, par exemple. Chaque nouveau-né a la capacité de prononcer tous les sons de toutes les langues. Il peut aussi bien rouler les *r* comme dans la langue espagnole que prononcer les diphtongues gutturales de la langue allemande.

Mais très tôt, nos cerveaux établissent des voies neurales qui s'accordent avec les sons que nous entendons tous les jours et éliminent les autres sons des autres langues.

À part peut-être Barbara Walters, presque tous les anglophones peuvent prononcer convenablement la lettre *r*. Mais quand des Chinois tentent d'apprendre l'anglais, ils ne possèdent plus les voies neurales nécessaires pour prononcer les *r* et c'est ainsi que les *r* deviennent des *l*. Juste pour ne pas paraître ethnocentrique, je devrais probablement ajouter que j'ai déjà essayé de prononcer quelques mots de la langue allemande à l'accent guttural, mais j'ai dû constater que mes voies neurales qui servaient à parler allemand avaient complètement disparu.

Le rêve ordinaire de tous les jours est sans doute le meilleur exemple pour expliquer la façon dont notre esprit crée son propre jeu de réalité virtuelle. Quand Morley Safer est apparu sur le pas de votre porte la nuit dernière et vous a posé toutes ces questions embarrassantes, il paraissait bien réel. Mais dès que le réveil a sonné, Morley et cette entrevue virtuelle pour *60 minutes* ont éclaté comme la bulle de savon légère qu'ils étaient.

Nos voies neurales repassent sans cesse ce qui était établi auparavant. Comme l'enfant de trois ans insiste pour regarder *La petite sirène* encore et encore et encore, nous nous cramponnons à nos illusions détournées avec beaucoup de ténacité. *Ôtez vos mains sales de mes illusions !* Même si cela nous rend malheureux, nous préférons placer notre foi dans la catastrophe que nous avons créée.

Nous observons les choses prendre forme

Il n'est pas nécessaire de croire. Ce qu'il faut, c'est de l'imagination. … Si vos idées sont claires, c'est même ce moment qui se précipite sur vous comme un camion Mack.

— RICHARD BACH, AUTEUR DE *ILLUSIONS* ET D'AUTRE ROMANS MÉTAPHYSIQUES

Si vous me demandez mon avis, il est tellement important d'apprendre à transformer l'énergie que cela devrait être enseigné au même titre que la lecture, l'écriture et le calcul. Et tout commence avec l'intention, la force qui sommeille derrière toute chose. C'est l'énergie, le carburant, la charge électrique qui établit un champ de résonance et envoie des ondes de probabilité dans le CP. Esther Hicks, qui aida à instaurer le programme d'Abraham-Hicks, appelait ce processus « envoyer une fusée de désir ». Lui donner de l'attention ajoute de l'ampleur.

Au moment même où vous formulez un souhait, vous le créez. C'est instantané. Ce que vous avez demandé existe déjà comme une chose réelle. Vous ne le voyez pas encore parce que vous opérez encore selon un temps linéaire. Vous êtes encore dédié à l'adage désuet qui veut que « créer des choses prend du temps ». Alors, vous continuez à travailler et à attendre. Vous continuez à suivre les sept étapes du dernier livre de développement personnel.

Mais voici ce que les physiciens nous disent. Dans le monde quantique, les choses ne suivent pas des étapes. Elles se produisent immédiatement.

Donc, les choses que vous désirez existent à la minute où vous les désirez, mais comme le chat de Schrödinger, une célèbre expérience de pensée imaginée en 1935 par un physicien australien du nom d'Erwin Schrödinger, vous n'êtes conscient que de la réalité que vous avez décidé d'analyser. La manifestation physique demeure repliée à l'extérieur de votre conscience actuelle.

Des physiciens expérimentés nous déclarent que la vie est multidimensionnelle, mais la plupart sont englués dans notre réalité physique unidimensionnelle, limitée à ce que nous expérimentons avec nos cinq sens. Ce que nous expérimentons avec ces outils d'observation soi-disant infaillibles n'est rien d'autre que ce que nous décidons de chercher. Ce n'est même pas une question de savoir ce qui vient en premier. Ce que nous voyons, expérimentons et ressentons avec nos cinq sens vient toujours après la décision de voir, expérimenter et ressentir.

Je compare la conscience à un gratte-ciel géant. Je vis peut-être au deuxième étage, mais la «chose» que j'ai créée par la pensée est tout en haut, au dix-septième étage. Jusqu'à ce que je puisse atteindre le dix-septième étage, elle sera toujours portée manquante et je l'attendrai toujours.

Une autre comparaison peut être faite avec l'installation d'un téléviseur. Si vous avez le câble, un seul clic vous donne accès à plus de cent chaînes. Mis à part certains dispositifs d'enregistrement, vous ne pouvez regarder qu'une chaîne à la fois. Pendant que vous regardez, disons *Beautés désespérées*, vous regardez les démêlés de Susan, Lynette, Bree et Gabrielle sur Wisteria Lane et vous n'avez aucune idée de ce qui se passe sur les autres chaînes (99 ou plus). C'est pourquoi il est très important de rester sur la chaîne que vous avez choisie. Ne gâchez pas de temps d'antenne avec ce que vous ne voulez pas voir. Sélectionnez seulement les chaînes que vous désirez regarder.

Les raisons pour lesquelles nous sélectionnons les programmes que nous n'aimons pas

Nous vivons dans un monde qui favorise les limitations.

— TAMA KIEVES, AUTEURE DE *THIS TIME I DANCE* !

1. **Nous ne sommes pas vraiment là** — pas dans « le moment présent ». Le moment présent est le point de puissance. C'est pourquoi il est si facile pour un yogi, qui élimine consciemment la charge statique mentale, de modifier son rythme cardiaque, son pouls et d'autres fonctions corporelles. Si vous n'êtes pas vraiment dans « le moment présent », votre cerveau n'est pas disponible pour faire ce que vous lui demandez de faire. Il est impératif de vous entraîner à garder votre conscience dans le moment présent. Sinon, vous fonctionnez selon de vieilles croyances profondément enracinées en vous, des croyances que vous avez intégrées avant d'avoir cinq ans. Voulez-vous vraiment que ce soit un enfant de cinq ans qui dirige votre vie ?

   Quand je me rends compte que ma conscience fonctionne en dehors du moment présent, ce qui se produit malheureusement très souvent, je me rappelle doucement cette analogie : le chauffeur de la compagnie UPS vient juste de livrer chez moi tout ce que je veux, mais parce que je n'étais pas présente, je ne m'en suis pas rendu compte. Je vais chercher de maigres produits de substitution alors que tout est parfait ici, lorsque je ramène ma conscience dans le « moment présent. »

2. **Nous avons décidé que c'était difficile.** Le pouvoir de créer par nos pensées est un jeu d'enfant. Il n'y a pas de discussion possible. Mais, nous continuons à dire à nos amis et surtout à nous-mêmes que c'est difficile ou que nous y travaillons encore. Remarquez dans les deux prochains jours le nombre

de fois où vous direz que c'est « difficile » ou « éprouvant ». Notez à chaque fois que vous dites « les choses ont toujours été ainsi » ou « c'est de famille ». Nous passons tellement de temps à parler de ce qui ne fonctionne pas que nous oublions le principal : c'est-à-dire que nous avons le pouvoir de créer quelque chose qui fonctionne.

3. **Nous privilégions les aspects négatifs de notre vie**. Quels sujets étudions-nous ? Les maladies, les problèmes, les désastres du passé. À quoi nous préparons-nous ? À faire face aux urgences. Nous nous lançons joyeusement dans les problèmes, puis nous nous demandons : « Qu'est-ce qui ne va pas ? » C'est une façon de penser de l'ancienne école qui a sérieusement besoin d'être modifiée. Dès que nous commençons à rechercher ce qui fonctionne bien, nos vies se mettent à prendre un nouveau tournant particulièrement excitant.

Et voici la vérité. Toutes les « mauvaises » choses, qui ne sont dues en réalité qu'à un jugement imprudent, ont un revers. Le manque est l'autre côté de l'abondance. La maladie est l'autre côté de la santé. Les deux concepts existent en même temps. Les deux sont vrais. En choisissant de voir un aspect, l'autre aspect également possible reste caché.

Malheureusement, lorsque vous vivez en ayant la conscience de l'espace et du temps, vous ne pouvez observer qu'un seul côté à la fois. Mais il est important de réaliser que l'autre côté est tout aussi réel et qu'à tout moment, vous pouvez simplement retourner la situation.

Les deux contraires (par exemple, le manque et l'abondance) sont tous les deux vrais. Il est simplement question de savoir dans quelle réalité vous préférez vivre.

4. **Nous croyons tout savoir**. Dès que vous définissez quelque chose, vous ne vous posez plus de question à son sujet. Dès que vous savez quelque chose, cela devient votre réalité. Mais savoir quelque chose est excessivement restrictif. Dans le langage quantique, cela fait briser la vague et ne laisse pas de place au mystère, à l'émerveillement et aux nouvelles découvertes. Réfléchissez un peu. Si vos bras sont pleins, l'un avec des livres et l'autre avec des sacs d'épicerie, il vous est impossible de porter autre chose. Vous pouvez très bien avoir une grande connaissance et plusieurs diplômes académiques, encadrés et accrochés au mur de votre bureau au deuxième étage de ce gratte-ciel. Mais souvenez-vous qu'il y a beaucoup d'autres « étages » (c'est-à-dire, des dimensions) et tout ce que vous savez peut bloquer les potentialités.

5. **L'esprit est si puissant qu'il peut créer quelque chose « à l'extérieur » de lui-même pour le devenir encore plus.** C'est pourquoi il est essentiel, lorsque vous faites des expériences, de suspendre votre jugement pendant le temps nécessaire pour croire qu'elles fonctionneront. Si vous êtes convaincu qu'elles ne sont qu'une énorme farce, vous recevrez les données pour étayer ce point de vue.

6. **Nous ne nous sommes pas vraiment entraînés**. Utiliser le CP pour diriger notre vie ne constitue pas un exercice intellectuel. Ce n'est pas une théorie. C'est un entraînement. Comme apprendre à maîtriser le solfège. Ou apprendre à jouer au ping-pong. Tiger Woods n'avait peut-être que dix-huit ans quand il a gagné le Championnat *U.S. Amateur,* mais il avait déjà seize années d'entraînement derrière lui. Et il continuait à consacrer de nombreuses heures pas jour à son conditionnement physique et à son entraînement. Vous ne pouvez connaître la sagesse. Vous pouvez seulement être sage. Et c'est là que ce livre intervient.

Choisir une autre chaîne

Délivrez-vous de l'esclavage mental.
Personne d'autre que vous ne peut libérer votre esprit.

— AUTOCOLLANT DE PARE-CHOCS À VENDRE
SUR LE SITE WEB DE LA COMPAGNIE GREEN LIVING

L'objectif de ce livre est de vous libérer de la prison dans laquelle vous retiennent vos illusions et de vous aider à mettre de côté le communiqué de presse rédigé de façon telle que vous le preniez pour la réalité. La bonne nouvelle est que vous n'avez rien d'autre à changer que votre esprit.

Au cas où vous n'auriez pas visité le site Amazon dernièrement, il propose littéralement des milliers de livres ayant pour sujet la transformation de votre corps. À elles seules, les « fesses » méritent 678 livres et CD. Mais pour autant que je sache, il n'y a pas un seul livre qui concerne le fait de façonner votre esprit. Pourtant votre esprit, avec toutes ses voies neurales préétablies et mal interprétées, est la base de tous vos problèmes. Souvenez-vous que c'est la conscience, comme des physiciens courageux tels que Fred Wolf commencent à le comprendre, qui crée la réalité physique. Même ces « fesses » qui ne sont pas encore dures comme de l'acier.

Vous pouvez retourner autant de fois que vous le voudrez au magasin de chaussures, mais vous n'y trouverez jamais de lait en vente. Et toutes ces tentatives désespérées pour changer votre corps ou votre relation et combler vos manques ne fonctionneront jamais tant que vous n'apprendrez pas à modifier et à structurer votre esprit.

Il est difficile de contrôler votre esprit quand vous croyez que vous devrez le faire pour toujours. Mais en décidant d'une période de temps, comme vous le ferez avec les expériences de ce livre, vous pouvez décider votre esprit à faire un effort. C'est comme un programme comprenant douze étapes. Essayer de rester sobre pour toujours ne peut pas fonctionner. Un jour à la fois ? C'est une idée à laquelle un esprit peut se raccrocher.

À l'exception de deux d'entre elles, ces expériences ne demandent pas plus de quarante-huit heures, ce qui représente une courte durée en regard d'une vie s'étalant sur soixante-dix ans et plus. Même un esprit faible peut s'engager dans cette voie. Pourquoi ai-je décidé de vous allouer quarante-huit heures ? Disons que c'est en raison du vieux principe voulant que l'on donne une date limite. Quand un éditeur fixe une date limite, il s'attend à recevoir ledit manuscrit dans les jours avoisinant cette date. Les dates limites nous donnent quelque chose à attendre, quelque chose à chercher. Quand vous parcourez une route que vous ne connaissez pas et que vous cherchez la boîte aux lettres verte qui vous indique que vous devez tourner à gauche pour vous rendre chez votre amie inconnue, il est utile de savoir qu'elle est située à douze kilomètres du dernier virage. Sinon, vous allez vous demander si vous l'avez manquée et vous finirez par faire demi-tour. Une date limite vous oblige simplement à faire attention.

Il m'est arrivé une fois de me demander si je devais ou non me lancer dans une activité professionnelle d'auteure indépendante à temps plein, alors que je travaillais vingt heures par semaine dans une petite société et que j'écrivais le reste du temps.

« J'aime beaucoup le domaine des ressources et développement, dis-je en faisant référence à l'endroit où je travaillais, mais je rêve, voyez-vous, de devenir travailleuse autonome à temps plein. Ce n'est pas que je n'aime pas écrire des lettres pour collecter des fonds, mais j'aimerais suivre mes propres histoires et écrire sur les choses qui me tiennent à cœur. Qu'en pensez-vous ? »

Aussitôt, je reçus un grand nombre de propositions de contrats. De grands magazines nationaux me contactèrent. Je pris de nouveaux contacts et je me rendis compte que deux de mes articles suscitaient un certain intérêt. Cela aurait constitué une réponse suffisante pour beaucoup d'entre nous.

Mais je suis stupide et je voulais recevoir un signe incontestable.

« Bon, ajoutai-je, j'ai besoin d'un signe qui ne pourrait pas être vu comme une coïncidence. De plus, je vais imposer une date limite. J'ai besoin d'une réponse dans les prochaines vingt-quatre heures. »

Le lendemain, j'ai été licenciée.

Une autre fois, alors que mon activité tournait au ralenti, j'ai envoyé des curriculum vitae, ce que j'ai tendance à faire à chaque fois que je suis anxieuse. Comme on pouvait s'y attendre, je me suis vu offrir un travail en l'espace de quelques semaines.

L'offre, qui consistait à rédiger des documents de marketing pour une compagnie d'autobus locale (bon, je n'ai pas dit que l'on m'avait offert un travail intéressant en l'espace de deux semaines), était beaucoup plus lucrative que tout ce que j'avais fait jusqu'à présent. Mais comment pouvais-je me permettre de gâcher tout ce temps ?

Étais-je vraiment prête à abandonner ma carrière de travailleuse autonome ? Une fois de plus, j'ai demandé un signe clair. Il fallait que je sache à quoi m'en tenir dans les prochaines vingt-quatre heures parce que c'était à ce moment que je devais donner une réponse positive ou négative à mon futur employeur.

Le lendemain matin, *Travel + Leisure*, le magazine pour lequel j'avais vraiment envie d'écrire, m'appelait pour me demander d'écrire un article.

J'ai raccroché, et j'ai effectué quelques pas de danse en criant *Oui !*Mais ma guidance avait dû décider de ne pas se manifester ce jour-là car, à peine quinze minutes plus tard, un autre magazine dont je n'avais jamais entendu parler et à qui je n'avais pas proposé mes services, m'a appelée pour me proposer de rédiger un article sur les steaks de Kansas City. J'ai donc dû appeler mon futur employeur pour décliner sa proposition et le remercier.

Pour être au paradis, comme le décrit *Un cours en miracles*, il suffit de vous focaliser sur lui. Vous devez ne vouloir percevoir rien d'autre.

En général, nos esprits sont centrés sur des choses que nous ne voulons pas vraiment. Nos pensées positives n'occupent qu'une minuscule partie de nos esprits. La majorité de la puissance de notre cerveau est consacrée à nos anciennes croyances concernant le manque, les problèmes relationnels et un dieu dans son paradis qui lance des éclairs.

99,9 pour cent de notre esprit est encore consacré à des choses que nous ne voulons pas parce que c'est la façon dont fonctionne le monde par défaut, ce qui est considéré comme normal. Les paramètres de fonctionnement par défaut du monde voient des inondations et des tremblements de terre ou entendent des histoires au sujet de l'épilepsie de votre deuxième cousin, et disent : « Vous voyez, je vous l'avais bien dit. »

Il est pratiquement impossible d'outrepasser le mode de fonctionnement par défaut du monde même si vous savez — du moins en théorie — qu'il existe une autre façon de fonctionner.

Prenons par exemple le manque d'argent. Tout le monde est d'accord pour dire que nous ne voulons pas manquer d'argent. Alors, que faisons-nous ? Nous monopolisons nos esprits pour éviter cette situation. Nous travaillons de longues heures. Nous contactons nos agents de change. Nous lisons des livres et des articles expliquant comment s'enrichir, en oubliant complètement le fait qu'en agissant ainsi, nous canalisons notre esprit sur l'idée que nous ne le sommes pas déjà. Par conséquent, nous décidons à l'avance de manquer d'argent.

Si nous nous contentions de concentrer notre esprit à nous sentir riches, à être reconnaissants pour toute la richesse qui est déjà dans notre vie — disons, nos familles et nos merveilleux amis —, le manque d'argent disparaîtrait de nos vies. Nous vivons cette situation uniquement parce que notre esprit est entièrement tourné vers elle. Cela démontre la puissance de nos esprits.

Mon amie Carla croit fermement que lorsque nous manquons d'argent, nous devons simplement aller faire les magasins. « Tu dois immédiatement chasser cette croyance de ton esprit. » Je crois que c'est ainsi qu'elle exprimait sa façon de penser. J'ai essayé une fois d'adopter ce comportement lors d'un voyage professionnel à l'île de Mackinac dans le Michigan. Je débutais ma carrière de rédactrice indépendante et je ne savais pas vraiment si j'allais m'en sortir sur le plan financier. J'étais descendue dans un hôtel luxueux, le Grand Hôtel, et je savais parfaitement que les vêtements que j'avais jetés dans ma valise à la dernière minute étaient loin d'égaler ceux qui constituaient la garde-robe de Jane Seymour dans la série *Somewhere in Time* ou même ceux des usagers de l'hôtel qui prenaient le thé dans la galerie. Il était évident que je n'étais pas assez bien habillée. Et le souper cinq services en tenue de soirée n'avait pas encore commencé.

Je traînais dans la boutique de cadeaux de luxe lorsque mes yeux sont tombés sur une magnifique robe en soie bleue. Un coup d'œil furtif sur l'étiquette de prix m'a confirmé qu'elle n'était pas dans mes moyens — en fait, elle valait quatre fois plus que ce que je dépensais en général pour une robe.

C'est alors que j'ai su que je devais la posséder. Je devais agir comme si j'étais l'auteure indépendante à succès que je voulais être. J'ai donc acheté cette robe en sachant que j'ouvrais la voie au succès financier dans ma nouvelle carrière.

Comme apprendre la propreté à un chiot

Tout le monde pense à changer le monde,
mais personne ne pense à se changer lui-même.

— Léon Tolstoï, romancier russe

Si votre cerveau est semblable au mien (avec une tendance à la procrastination, facilement confus et avec de la difficulté à se concentrer), changer sa façon de penser peut représenter un défi de taille. J'aime croire que c'est un peu comme apprendre la propreté à un chiot.

Vous le faites sortir à plusieurs reprises pour lui montrer une différente réalité jusqu'à ce qu'il finisse par comprendre *Wow, il y a un monde à l'extérieur. Et c'est beaucoup plus drôle d'uriner sur les arbres et les buissons et les bornes-fontaines que sur les vieilles pantoufles de Pam.* Votre esprit sera étonné devant la beauté qui se dévoilera quand vous aurez atteint votre but. Une paix profonde apparaîtra. De grandes idées se matérialiseront et se multiplieront. La joie fera son apparition.

La seule chose que vous devez faire est de concentrer votre esprit uniquement sur les choses que vous voulez. Si vous voulez la paix, pensez à la paix. Si vous voulez l'amour, pensez à l'amour. Si vous voulez des chaussures Jimmy Choo, pensez aux chaussures Jimmy Choo. Ne pensez pas que la paix est impossible ou que l'amour ne dure pas ou que vous n'avez pas assez d'argent pour acheter des chaussures Jimmy Choo. Gardez votre esprit concentré uniquement sur ce que vous voulez. Et à chaque fois que vous verrez le chiot se diriger vers les pantoufles, prenez-le et sortez-le.

Dans le film *L'Homme en feu*, Denzel Washington est un ex-agent des forces spéciales qui devient le garde du corps de la fillette d'un riche homme d'affaires mexicain. Malgré les tentatives de Denzel pour rester neutre et ne pas s'impliquer, il finit par jouer le rôle du père aux yeux de Pita. Il l'aide à faire ses devoirs et à se mériter une place au sein de l'équipe de natation, une activité qu'elle aime beaucoup plus que les leçons de piano que son père veut à tout prix lui faire suivre. Durant les séances d'entraînement de natation, Denzel crie encore et encore la même question : « Prête ou pas prête ? » et Pita répond en criant de toutes ses forces : « Prête ! »

Donc, je répète la question. Votre esprit est-il prêt ou pas prêt ?

Et j'espère que vous pourrez bientôt répondre « Prêt ! »

Les plus grandes découvertes et développements des années à venir concerneront les notions spirituelles. Voici une force que l'histoire nous présente comme la plus grande puissance étant intervenue dans le développement de l'homme et de l'histoire, et pourtant nous nous sommes contentés de jouer avec elle, sans jamais prendre la peine de l'étudier sérieusement comme nous l'avons fait pour les forces physiques. Un jour, les gens apprendront que les choses matérielles n'apportent pas le bonheur et n'ont pas une grande utilité lorsqu'il s'agit de rendre les être humains créatifs et puissants. Alors, les scientifiques du monde entier se tourneront avec toute leur équipe de laboratoire vers l'étude des forces spirituelles. Quand ce jour viendra, le monde assistera à un avancement plus important en une génération qu'au cours des quatre générations précédentes.

— Charles Proteus Steinmetz, inventeur du moteur à courant alternatif

Entrée en matière

Toute vie est une expérience.
Plus vous faites d'expériences, mieux c'est.

— Ralph Waldo Emerson, essayiste américain

Vous n'avez pas besoin d'une blouse blanche de laboratoire, de nanotubes de carbone ou même de ces lunettes de protection disgracieuses pour mener les expériences qui suivent. Il vous suffit d'avoir l'esprit ouvert et la capacité d'observer, d'enregistrer vos résultats et de désirer voir les choses sous un autre angle.

Pour ceux d'entre vous qui étaient mauvais en chimie, commençons par vous rafraîchir la mémoire.

Les principes fondamentaux de la science

Rien ne me choque, Je suis un scientifique.

— Inscription sur un tee-shirt de la marque J. Bertrand

1. Qu'est-ce exactement que la *science* ? Selon le dictionnaire Larousse, la science est la « Connaissance approfondie d'un domaine quelconque, acquise par la réflexion ou l'expérience. » Elle se base habituellement sur une théorie.

2. Très bien, alors qu'est-ce qu'une théorie ? Pour la plupart d'entre nous, une théorie est un fait imprécis et flou. Mais quand vous parlez d'une théorie scientifique, vous parlez d'un système conceptuel qui explique des observations existantes et en prédit de nouvelles. Une théorie est acceptée et non basée sur le prestige ou sur les pouvoirs de persuasion de ses partisans, mais sur les résultats obtenus par l'observation et/ou sur des expériences que tout le monde peut reproduire. Par exemple, la théorie de la gravité peut être prouvée par tout un chacun, du petit enfant qui saute sur un lit superposé au prêtre vaudou qui saute au-dessus d'une chèvre en signe de sacrifice. En fait, la majorité des expériences de laboratoire sont répétées des douzaines et des centaines de fois.

   L'autre caractéristique d'une théorie scientifique est qu'elle est réfutable, c'est-à-dire que l'expérience peut aussi être démentie. La théorie voulant que « Mars est peuplé de petits hommes verts qui fuient quand on s'approche d'eux » n'est pas réfutable parce que, selon cette théorie, les Martiens disparaissent toujours quand quelqu'un les traque. Mais la théorie selon laquelle « les Martiens n'existent pas » est scientifique parce que vous pouvez la dénoncer en en capturant un et en l'invitant à l'émission télévisée *Good Morning America.*

3. Alors, qu'est-ce qu'une hypothèse ? De nouveau, pour le commun des mortels, une hypothèse est un synonyme de supposition. Mais pour un scientifique, une hypothèse est une base de travail concernant le mode de fonctionnement du monde. Chaque expérience commence à partir d'une hypothèse. Vous faites des observations sur la façon dont fonctionne le monde, puis vous émettez une hypothèse qui peut être évaluée pour voir si elle peut se vérifier.

En général, elle est présentée comme une déclaration qui peut être réfutée ou prouvée. Elle est souvent rédigée sous la forme d'une relation de cause à effet (si je fais telle et telle chose, alors telle et telle chose se produira) : « si *x* se produit, alors *y* suivra ». Ou « À mesure que *x* augmente, *y* augmente aussi. » Nous utilisons ce lien de cause à effet pour élaborer une méthode scientifique.

4. Excusez-moi, *une méthode scientifique* ? La méthode scientifique est universellement reconnue comme étant la meilleure façon de séparer la vérité des mensonges et des illusions. La version simple pourrait ressembler à ce qui suit :

   ❖ Formuler une question

   ❖ Recueillir des informations

   ❖ Énoncer une hypothèse

   ❖ Évaluer cette hypothèse

   ❖ Enregistrer et étudier les données

   ❖ Tirer des conclusions

   Le grand avantage de la méthode scientifique est qu'elle est impartiale. Elle fonctionne de la même façon pour tout le monde. Les conclusions se confirmeront, quelles que soient la couleur de vos cheveux, votre religion ou votre pointure de chaussures.

Deux règles de base

Vous faites ceci parce que vous êtes fantastique et courageux et curieux.
Et, bien sûr, vous êtes probablement un peu fou.
Et c'est une bonne chose.

— Chris Baty, fondateur de National Novel Writing Month (NaNoWriMo)

Chacun des chapitres qui suivent présente un principe spirituel très important et une expérience scientifique empirique qui démontre sa validité. Vous pouvez faire les expériences les unes à la suite des autres (ce que font la plupart des lecteurs étant donné qu'ils sont très excités après avoir effectué la première) ou vous pouvez décider de laisser un intervalle entre elles et d'en faire une cette semaine et d'en essayer une autre la semaine suivante. C'est à vous de décider.

Avant de vous lancer dans une nouvelle expérience, formulez votre intention d'abandonner votre conditionnement passé. En général, je commence par l'adage provenant du livre *Un cours en miracles* (*A Course in Miracles*) : « Ouvrez votre esprit et éliminez toutes pensées trompeuses. »

Puis, soyez bien attentif lorsque vous recevrez l'évidence. Cherchez-la de la même façon que vous chercheriez un jeu de clés de voiture perdu, alors qu'il ne reste plus de lait et que le bébé pleure. Après avoir cherché à l'endroit où vous les mettez habituellement — dans votre sac, dans la poche de votre pantalon, sur la console près de la porte d'entrée —, vous commencez à soulever tous les coussins, à chercher sous le lit et dans la litière du chat. L'important est que vous ne cessiez pas de chercher tant que vous ne les avez pas au creux de votre main.

Si vous allez au magasin pour acheter un produit pour nettoyer votre évier, vous ne rentrez pas chez vous tant que vous n'avez pas trouvé le rayon où se trouvent les produits d'entretien ménager. Si vous allez à la librairie pour acheter le dernier roman de John Grisham, vous ne vous encombrez pas de piètres excuses pour justifier votre incapacité à trouver la section des « G ». Vous allez au magasin en sachant très bien qu'il sera là.

J'ai inséré un rapport d'expérience à la fin de chaque chapitre. Ils sont similaires à ceux que les scientifiques utilisent. Il est important de noter le temps que vous mettez pour effectuer chaque expérience. Prenez des notes ; documentez chacune de vos découvertes. Plus détaillée sera la carte, meilleur sera le modèle dont vous disposerez pour des études futures. Lorsque vous consignez vos perceptions et vos expériences, prenez le risque d'avoir tort de façon à obtenir les détails vérifiables pour prouver que vous avez raison.

Prêt à devenir un scientifique fou ?

Expérience #1

Le principe du Tout-Puissant :

Il existe une force énergétique invisible ou un champ de potentialités infinies

Tout le monde attend l'éternité et les shamans disent « Pourquoi pas ce soir ? »

— Alberto Villoldo, Ph.D., auteur et professeur de médecine énergétique d'origine cubaine

L'hypothèse

Cette expérience vous prouvera une fois pour toutes qu'il existe une force aimante, abondante et totalement géniale dans l'univers. Certaines personnes l'appellent Dieu. Vous pouvez l'appeler *prana*, « le Tout-Puissant » ou « Cosmo Kramer », si vous préférez.

Le problème, jusqu'à présent, est que nous avons dû intégrer cette force dans notre foi. On ne nous a pas permis de la voir ou de la toucher, mais il est certain que nous avons été invités à faire un bon nombre de choses en son nom, comme payer la dîme et méditer et se faire faire un signe de croix avec des cendres sur le front.

Je préfère de loin l'idée d'une force énergétique qui se déplace sur une route à double sens. Est-ce que le fait de donner et recevoir vous fait penser à quelque chose ?

Au cours de cette expérience, nous allons faire savoir au CP que c'est maintenant ou jamais. Nous avons dépassé le stade où nous pouvons croire en quelque chose sans en avoir la preuve. Nous demandons des preuves irréfutables. Et nous les voulons *maintenant*. Vous connaissez cette expression « dès que possible ». Voilà ce que nous recherchons. Nous allons allouer au CP précisément quarante-huit heures pour nous donner un signe, un signe clair qui ne peut pas être ignoré. Des néons qui clignotent feraient l'affaire.

Étant donné que nous avons souscrit à cette idée que la force est vague et mystérieuse, nous ne nous attendons pas vraiment à la trouver. Ou du moins nous ne sommes pas surpris quand nous ne la trouvons pas. Parce que nous n'avons pas été formés pour remarquer que cette force inspirante et énergisante qui change la vie bourdonne autour de nous et à travers nous sans que nous en ayons conscience.

Quoi moi, attendez ?

Si votre médecine ne fait pas pousser le maïs, à quoi sert-elle ?

— Sun bear, vieux sage de la tribu Chippewa

Ceux qui préfèrent attendre les portes du paradis, foncez droit devant. C'est comme une personne des temps modernes qui ne voudrait pas se servir de l'électricité. Pour avoir accès à l'électricité, il vous suffit de trouver une prise électrique, d'y brancher un appareil électronique ou un appareil électrique, et *voilà** ! Vous obtenez toutes sortes de choses bien agréables — du pain grillé, de la musique qui est diffusée par les tours hertziennes, des films et des journaux télévisés, et d'autres êtres humains qui mangent des limaces dans des îles désertes.

Nous devons nous habituer à considérer cette énergie de la même façon que nous considérons l'électricité. Nous ne nous demandons pas *Suis-je assez doué pour brancher mon grille-pain dans la prise ?* ou *Ai-je prié assez longtemps ou assez intensément pour mériter le droit d'allumer les lumières de la cuisine ?*

Nous ne nous sentons pas coupables de vouloir allumer la radio pour écouter notre émission. Le CP est tout simplement aussi équitable et disponible que l'électricité dès lors que nous avons pris la décision de vraiment le chercher.

Et il n'est pas très difficile de le trouver.

Une preuve anecdotique

Dieu n'est pas aussi faible que certaines personnes voudraient vous le faire croire.

— Alex Frankovitch dans *Skinny Bones* de Barbara Park

C'est la section où nous parlons de ce qui est évident. Oui, je parle de Dieu.

*N.d.t. : En français dans le texte.

À moins que vous ne sortiez de votre cachette sous une feuille de chou, vous avez certainement remarqué qu'un grand nombre de personnes parlent de ce type qu'elles appellent Dieu. Un des sept jours de la semaine est consacré à lui rendre hommage. Des bâtiments de toutes les tailles et de toutes les formes ont été bâtis pour l'honorer. De nombreux journaux ont une section réservée à la religion, juste à côté de celle réservée à la politique, les actualités locales, la météo et les mots croisés.

Une version de « Dieu » existe dans chaque culture depuis l'aube des temps. Même les physiciens dont la seule préoccupation est d'étudier les propriétés et les interactions de la matière et de l'énergie connaissent l'existence de la force invisible. La majorité d'entre eux ne l'appellent pas Dieu. Albert Einstein, par exemple, déclarait ne pas croire en Dieu tel qu'il était présenté par la religion traditionnelle, mais il savait avec certitude qu'il y avait quelque chose de beaucoup plus captivant dans le cosmos.

L'inconnu, disait-il, était tout ce qui importait à ses yeux. Le reste, déclarait-il, n'était que des détails.

Le Dieu en qui nous croyons pour la plupart d'entre nous est une invention des hommes, créée pour plus de commodités. Nous reconnaissons ce Dieu créé par les hommes comme un fait indiscutable, mais cela n'a aucun sens. Si Dieu est amour, si Dieu est parfait, si Dieu possède toutes les autres valeurs qui lui sont attribuées, pourquoi abandonnerait-il quelqu'un dans l'antre du lion ? De plus, pourquoi une personne saine d'esprit voudrait se rapprocher d'un Dieu capricieux et injuste qui s'amuse à la punir ? Même les femmes les plus écervelées savent en théorie qu'elles ne devraient pas fréquenter un garçon qui pourrait leur nuire.

Enfin, qui a besoin de cela ?

Dieu considéré comme un terroriste

Je ne sais pas si Dieu existe, mais il vaudrait certainement mieux pour sa réputation qu'il n'existe pas.

— Jules Renard, auteur français

À peine avais-je commencé à apprendre à lire que déjà on m'enseignait que moi, petite Pammy Sue Grout, j'étais une misérable pécheresse et que je n'étais pas digne d'être en présence de Dieu. C'était un fait avéré, comme deux et deux font quatre et l-m-n-o-p ne sont pas qu'une seule lettre. La seule consolation que j'avais pu tirer de cette importante leçon était qu'au moins je n'étais pas la seule. Il semblait que tous les autres habitants de la Terre étaient des pécheurs, eux aussi. Même mademoiselle Beckwith, ma gentille maîtresse de maternelle, qui me laissait apporter Pokey, ma tortue, en classe tous les lundis.

L'inconvénient dans le fait d'être des pêcheurs est que cela nous garantit d'aller tout droit en enfer. J'avais un peu de difficulté à comprendre cette notion d'enfer étant donné que je n'avais jamais été plus loin que les frontières de l'État du Kansas. Mais, selon mon père, l'enfer était un endroit où personne ne voulait aller. Il y faisait plus chaud que chez ma tante Gwen et mon oncle Ted, l'été où l'air conditionné était tombé en panne. Et, contrairement à ces vacances qui n'avaient finalement duré que quatre jours, vous restez en enfer pour l'éternité. Pour comprendre ce qu'est l'éternité, disait-il, tu n'as qu'à penser à ce que tu ressentais le 26 décembre dernier à l'idée qu'il te fallait attendre un an avant le prochain Noël.

Cependant, il existe une clause qui vous permet « d'être sauvée. »

Donc, à l'âge de quatre ans, j'ai descendu l'allée de la petite église méthodiste de Canton au Kansas au son de l'orgue. Puis je me suis agenouillée sur mes petits genoux cagneux devant l'autel et j'ai demandé à Dieu de « me pardonner mes péchés ». Les membres de ma famille, des méthodistes de longue date, ont tous poussé un soupir de soulagement. Papa et maman ont téléphoné le soir même à mes oncles et mes tantes pour propager la bonne nouvelle.

« Enfin, notre aînée est officiellement sauvée à présent, avaient-ils exulté, pleins de fierté. Au moins, nous pouvons être assurés que Pam ira au paradis. »

La meilleure partie, ont-ils pensé, était que ma conversion ne pouvait qu'être un bon exemple pour ma sœur, Becki, qui avait deux ans, et mon frère, Bobby, qui n'avait que trois mois, même si j'espérais en secret qu'ils attendraient pour cela qu'il soit assez grand pour parler.

Bien sûr, il ne faut prendre aucun risque car Jésus pourrait revenir à tout moment — le jour ou la nuit. Il était comme un voleur dans la nuit. Il pourrait venir le matin pendant que vous contemplez vos céréales. Il pourrait venir pendant la récréation alors que vous êtes suspendu au pont de singe. Il peut même venir à deux heures du matin pendant que vous dormez, ce qui pourrait poser un véritable problème si vous êtes profondément endormi. Jésus pourrait s'emparer de vous avant que vous ayez le temps d'ouvrir les yeux.

Et cela, vous ne voulez même pas y penser. Enfin, la maison de tante Gwen et oncle Ted était chaude.

En même temps que j'apprenais à accepter ma vraie nature de pécheresse, on me répéta encore et encore que « Dieu est amour ». Même si les Églises présentaient Dieu comme une sorte de caméra cachée qui surveillait tout ce que je faisais.

Cela n'était vraiment pas logique. Mais, bien sûr, je n'avais que quatre ans. Que connaissais-je ?

Même si j'étais une enfant sage au point d'être ennuyeuse (je n'avais que des bonnes notes à l'école ; j'essayais de ne pas me battre avec mes camarades ; je ne prenais ni drogue ni alcool, et je faisais même mon lit sans qu'on ait besoin de me le demander), j'avais l'impression d'être constamment critiquée par ce « Dieu aimant » qui était assis dans les cieux et qui se frottait les mains avec joie à chaque fois que je ratais quelque chose. Ce qui, grand Dieu (oups, voilà que j'utilise encore son nom à tort), semblait se produire très souvent.

Quel fardeau à transmettre à une enfant innocente.

Dieu ressemble à ZZ Top et à d'autres mythes ennuyeux

Les idées que l'on se fait de Dieu nous en disent plus sur nous-mêmes que sur Lui.

— THOMAS MERTON, MYSTIQUE CHRÉTIEN

Si vous demandez à un individu moyen s'il croit en Dieu, il vous répondra certainement quelque chose comme « Évidemment ! » Cependant, il est probable qu'il ne se soit jamais demandé ce qu'il entendait exactement par Dieu. En le pressant, il avancera certainement des clichés du genre « Celui qui est en haut ».

Évidemment, il est impossible d'essayer de définir ce qu'est Dieu. Dieu n'est pas statique, pas plus que l'électricité ou la lumière. Dieu se tient au-delà du monde matériel de matière et de forme. Il remplit le cosmos, comble la réalité et remplace le temps et l'espace. Mais cela ne nous empêche pas d'essayer de trouver des définitions. Voici les huit principaux mensonges qui sont inventés au sujet de Dieu :

Mensonge n⁰ 1 : Dieu est du genre masculin. Même si les Églises progressistes réfèrent parfois à Dieu comme à quelqu'un du genre féminin, le CP n'a pas vraiment de genre. Nous ne parlons évidemment pas de madame Électricité ou de monsieur Gravité. Donc, selon la règle de grammaire, c'est le genre masculin qui l'emporte, et donc le pronom le plus approprié serait « Il ». Le CP est un champ de force qui transmet dans tout l'univers la même source d'énergie qui fait pousser les fleurs, forme des croûtes sur les genoux égratignés et qui exerce sans cesse une pression pour exister dans son intégralité.

Dieu est plutôt comme la force dans *La guerre des étoiles*, une présence qui réside au fond de nous, un principe selon lequel nous vivons. C'est la raison pour laquelle Luke Skywalker et Darth Vader sont devenus de tels phénomènes. *La guerre des étoiles* est un mythe qui résonne en nous et nous parle du fond de nos entrailles. Une partie de nous sait que « la force » est avec nous et que nous créons le monde par l'intermédiaire de nos mots, nos pensées et nos actions.

Mensonge n⁰ 2 : Dieu ressemble à ZZ Top ; Il marque votre nom d'une croix noire et Il est simplement trop occupé à éradiquer la faim dans le monde pour avoir le temps de s'occuper de vous. Si vous reconnaissez son existence, Dieu est un peu comme Boo Radley dans le film *Du silence et des ombres,* ce mystérieux voisin qui épie constamment les gens par la fenêtre de son appartement-terrasse, en espérant les surprendre pendant qu'ils commettent une mauvaise action. Nous ne pouvons pas le voir, mais on nous a prévenus qu'Il était là ; qu'Il nous observait, nous jugeait et surveillait le moindre de nos mouvements. Si vous ne suivez pas ses commandements ou si vous brisez ses règles, Dieu pourrait tout simplement envoyer son ange des services secrets pour qu'il vous donne un bon coup sur la tête.

Mensonge n⁰ 3 : Dieu a ses préférences. Le CP est un champ de force mis à la disposition de tout le monde. C'est une capacité naturelle qui réside en chacun de nous et non un cadeau réservé à quelques individus. En fait, c'est la première leçon que Jésus nous a enseignée. Dieu est en vous. Vous êtes une partie de Dieu. Vous pouvez faire des miracles.

La façon dont nous vénérons Jésus est un peu comme si nous encensions Benjamin Franklin parce qu'il a été le premier à découvrir l'électricité. Il a envoyé le cerf-volant dans un orage électrique pour que nous puissions utiliser le principe qu'il démontrait. Il n'a pas fait tout cela pour que nous lui construisions des temples, que nous fassions des tableaux de lui et que nous portions des médailles commémoratives autour du cou. Il voulait que nous prenions le principe de l'électricité et que nous l'utilisions, ce que nous faisons pour alimenter nos postes de radio ainsi que nos ordinateurs et nos appareils de climatisation. Si nous n'avions rien fait suite à la découverte de Benjamin Franklin comme nous l'avons fait avec celle de Jésus, nous serions tous assis dans le noir.

Benjamin Franklin n'a pas inventé l'électricité pas plus que Jésus n'a inventé les principes spirituels. Les éclairs et l'électricité qui en ont découlé ont toujours été disponibles. Nous ne l'avions simplement pas compris ou nous ne savions pas comment y avoir accès. Galilée n'a pas inventé la gravité quand il a laissé tomber une balle en bois du haut de la tour de Pise. Il en a simplement fait la démonstration.

De la même façon, Jésus a démontré les principes spirituels qu'il voulait que nous utilisions et que nous développions. Nous avons perdu 2000 ans à vénérer cette idole au lieu d'utiliser les principes qu'il nous a enseignés. Regardez dans la Bible et vous ne verrez nulle part que Jésus a dit : « Adorez-moi. » Il nous a plutôt dit : « Suivez-moi », ce qui fait une énorme différence.

En faisant de Jésus un héros, nous sommes passés à côté de l'essentiel. Jésus n'a pas dit : « Je suis cool. Élevez des statues à mon image et faites de mon anniversaire une grande fête commerciale. »

Il disait plutôt : « Regardez ce qu'il est possible de faire. Regardez de quoi nous, les humains, sommes capables. »

Jésus est notre frère, notre ascendant, celui que nous sommes censés imiter.

Ce que Jésus a essayé de nous dire est que les Églises, les chefs religieux et toute la rhétorique qu'ils proclament nous ont éloignés de la vérité de Dieu. Ils nous ont voilé les yeux en ne mentionnant pas le fait que le CP n'est pas un objet d'adoration, mais une véritable présence et un principe selon lequel nous devrions vivre.

Mensonge n⁰ 4 : Dieu récompense nos souffrances et distribue des bons points pour nos sacrifices (autrement dit après tous ces sacrifices, on finit tous par mourir). Beaucoup d'entre nous croient que la vie est une sorte de camp d'entraînement que nous suivons avant d'aller au ciel. Nous croyons que cette vie de courte durée est « seulement un essai » qui nous permettra éventuellement de mériter d'aller au paradis. Si nous la supportons jusqu'au bout, nous franchirons un jour les portes du paradis et nous connaîtrons le bonheur. Ces erreurs de croyance ont été transposées dans la vie de tous les jours. Il est donc évident que les chagrins et les épreuves sont inéluctables.

Et si ce n'était pas nécessaire ? Et s'il n'y avait aucune raison d'être pauvre ? Ou d'être malade ? Ou de ne pas vivre une vie prospère et excitante ? Et si ces vies tragiques et difficiles n'étaient rien d'autre que des rumeurs inventées par les Églises et ancrées dans notre conscience par des années et des années de conditionnement ? Ce que je souhaite suggérer ici est que le paradis que vous attendez est à votre disposition dès maintenant. Et que l'on vous a raconté des sornettes en ce qui concerne qui vous êtes et ce qu'il est possible de faire.

Mensonge n⁰ 5 : Dieu est très exigeant. Le CP ne juge pas, ne punit pas. Il ne pense pas *Bon, Sammy C. s'est montré très gentil hier en aidant cette vieille dame à traverser la rue. Je crois que je vais exaucer la prière qu'il m'a faite pour me demander de* *remporter le gros lot à la loterie*. Ce sont là des pensées dignes de Clarence Thomas. Le CP ne demande rien. Il n'aime pas plus Mère Teresa que Céline Dion. Seuls les humains mal informés, qui se démènent désespérément pour donner un sens à leur monde, parlent d'un Dieu qui décide de nos vies sur un coup de dés, un Dieu qui aime ou n'aime pas les mêmes gens que nous. Notre crainte a dressé des murs autour de nous, ce qui rend notre perception très limitée.

Mensonge n^0 6 : Vous ne voulez pas en demander trop à Dieu car vous ne voulez certainement pas L'ennuyer. Comme je l'ai déjà fait remarquer, le CP n'est pas une personne. Par conséquent, vous ne pouvez pas L'ennuyer. Le CP est une puissance, une force énergétique invisible. Il n'a pas de fin ni de limites, et vous ne pouvez donc certainement pas lui en demander trop. Comme disaient les anciens, vous pouvez ajouter quelques gouttes ou un seau d'eau à l'océan. Il n'en a que faire. À vrai dire, nous n'utilisons pas suffisamment la puissance du CP. Il s'agit d'une force très puissante et non d'une équipe d'aides qui intervient pour payer l'hypothèque. Le CP n'est pas un adversaire qui doit être courtisé à la table de négociation.

Mensonge n^0 7 : Dieu est un concept abstrait. *Au contraire**. Dès que vous vous serez débarrassé du nuage noir formé des rumeurs et des demi-vérités qui masquent votre savoir, vous vous rendrez compte que la force invisible communique aussi clairement que le Dr Phil. Aussitôt que vous vous serez débarrassé de vos blocages, on vous montrera exactement ce qu'il faut faire et comment le faire.

De nouveau, nous devons nous conditionner pour considérer davantage Dieu comme nous considérons l'électricité. L'électricité ne veut pas savoir qui branche le fer à friser. L'électricité n'a pas besoin d'être certaine que nous méritons de faire du pain grillé.

*N.d.t. : En français dans le texte.

Mensonge n⁰ 8 : Dieu répond uniquement lorsqu'Il est dans de bonnes dispositions. Il n'y a pas un seul moment où Dieu ou « la force » ne vous guide pas. Et vous n'avez pas à attendre d'avoir le feu vert ou de tirer une carte « vous permettant de sortir de prison ». Le Tout-Puissant est disponible en tout temps à partir du moment où vous êtes prêt à Lui accorder toute votre attention. La guidance du CP se manifeste (comme ils disent au sujet de... bon, quelque chose d'autre) par l'intermédiaire des paroles d'une chanson que vous entendez à la radio ou d'un appel téléphonique d'un ami que vous aviez perdu de vue. Il suffit d'être vigilant, de croire et comme je continuerai à le répéter, de concentrer toute votre attention sur cette guidance.

Et pendant que nous abordons le sujet de la volonté de Dieu, mettons cartes sur table. Il n'y a pas de place dans notre portrait actualisé de Dieu pour un enfer de tourments éternels ou pour un sadique qui essaierait ou voudrait essayer de vous y envoyer. Pas plus qu'il n'y a de place pour l'idée que la maladie ou la difformité ou la mort ou la pauvreté ou les handicaps de toutes sortes sont la volonté de Dieu. La volonté de Dieu, pour ceux qui persistent à vouloir utiliser ce terme, est le désir constant de l'esprit qui est en vous de devenir ce que vous pouvez être. Amen.

La méthode

En me permettant de devenir un peu fou ou irrationnel,
je m'ouvre à certaines expériences mystiques.

— D. Patrick Miller, fondateur de Fearless Books

Au cours de cette expérience, vous allez consacrer quarante-huit heures à chercher des preuves de l'existence de ce CP qui est un puits de savoir et un modèle de perfection. Appelez-le Dieu si vous préférez. Heureusement, le CP existe à tous les endroits où vous pouvez penser à le chercher.

Pour augmenter le degré de difficulté, vous allez demander au CP de vous envoyer un bienfait ou ce que j'appelle un cadeau inattendu. Vous allez lui donner quarante-huit heures pour vous envoyer un cadeau que vous n'auriez pas reçu en temps normal — un chèque-surprise dans le courrier, une carte d'un vieil ami, quelque chose que vous n'attendez absolument pas. Vous n'avez pas besoin de spécifier l'objet en question (cela viendra plus tard, lors de l'expérience n^0 4), mais vous devez demander quelque chose de bien précis et donner une date limite pour le recevoir. Et comme toujours, il vous sera bien utile de demander de vous aider à reconnaître votre cadeau.

Quand mon amie Wendy a tenté cette expérience, elle a reçu non seulement un cadeau, mais deux cadeaux inattendus. Elle a reçu une augmentation de un dollar de l'heure (son patron l'a appelée à l'improviste), et son frère qui vit dans un autre État et ne donne jamais de ses nouvelles sauf en cas de décès dans la famille lui a proposé de l'aider à déménager, ce qu'il n'avait jamais fait pour ses six déménagements précédents.

Robbin, une autre amie, s'est rendue à sa voiture durant les quarante-huit heures au cours desquelles elle menait son expérience, et a trouvé un magnifique sac en cuir, fait à la main, un cadeau laissé par un ami qui ne savait absolument pas qu'elle faisait cette expérience.

« J'aime tellement ce sac que je le porte encore aujourd'hui », dit-elle.

Les résultats varient en fonction de votre niveau de conscience. Certaines personnes obtiennent des choses simples. Mon amie Julie, par exemple, a vu un garçonnet de deux ans qu'elle n'avait jamais rencontré auparavant venir s'asseoir à côté d'elle sur un banc de parc. Ils se sont regardés en souriant comme deux âmes-sœurs réunies. Ou le bienfait peut être quelque chose de très étonnant. Éric, un autre ami qui faisait cette expérience, s'est vu offrir gratuitement un séjour de ski au lac Tahoe.

Notez ce que vous ressentez à l'idée de demander un bienfait au champ d'énergie. Vous sentez-vous un peu nerveux, vous demandez-vous si vous êtes égoïste, ou s'il est approprié de demander quelque chose de bien ? Ce que vous ressentez vous procure un aperçu de ce que vous allez recevoir.

Vous croyez peut-être que vous ne méritez pas de recevoir un cadeau. Cette pensée envoie un signal au champ d'énergie et affecte sa portée. Vous pensez peut-être qu'il est seulement juste de demander quelque chose dont vous avez besoin. Ce signal est également transmis au champ d'énergie.

Pour faire cette expérience dans de bonnes conditions, vous devez abandonner tout scepticisme. Pas pour toujours, seulement pendant les quarante-huit heures que dure l'expérience. Tout ce que vous avez à faire est de passer deux petites journées à espérer déceler une preuve. Espérer voir le Tout-Puissant dans toute sa splendeur. À l'espérer de tout votre cœur. À l'espérer avec la moindre parcelle de votre âme. Comme toute bonne hypothèse, celle-ci est réfutable. Si vous n'avez aucune nouvelle du CP dans un délai de quarante-huit heures, n'hésitez pas à l'oublier.

1. Choisissez un moment pour commencer l'expérience. « Maintenant » est habituellement le bon moment pour moi.

2. Notez le jour et l'heure.

3. Demandez au CP de manifester sa présence. Demandez à recevoir un bienfait. Si vous le voulez, vous pouvez répéter « l'intention » ou « la marche à suivre » figurant sur la feuille de rapport d'expérience qui suit, ou faites-en-une propre à vous.

C'est tout. Laissez aller et observez.

Rapport d'expérience

Le principe : Le principe du Tout-Puissant.

La théorie : Il existe une force énergétique ou champ de potentialités infinies. Et il est à votre disposition sur demande.

La question : Est-ce que le CP existe ?

L'hypothèse : S'il existe une force énergétique disponible en tout temps pour tout le monde, je peux y avoir accès à tout moment simplement en y prêtant attention. De plus, si je demande à la force de m'envoyer un bienfait, en lui donnant une limite de temps et des instructions claires, elle m'enverra un bienfait en disant « ça me fait plaisir ».

Temps nécessaire : 48 heures.

Date du jour : ____________________ **Heure** :____________________

Date limite pour recevoir le bienfait :____________________________

La marche à suivre : Je déteste avoir à vous le dire, CP, mais les gens se mettent à parler. Ils commencent à se demander : « Est-ce que cela existe vraiment ? » Enfin, vraiment, comme si c'était trop vous demander de venir parmi nous et d'abandonner ce jeu de cache-cache. Je vous donne très précisément quarante-huit heures pour faire connaître votre présence. Je veux un signe net et précis, quelque chose qui ne peut pas être vu comme une coïncidence.

Notes de recherche : ______________________________________

____

Nous possédons maintenant une science de la spiritualité qui est parfaitement vérifiable et objective.

— AMIT GOSWAMI, PH.D., PHYSICIEN THÉORIQUE À LA RETRAITE

Expérience #2

Le principe de la Volkswagen Jetta :

Vous influencez le champ et vous attirez à vous des choses qui se manifestent en fonction de vos croyances et de vos attentes

Les miracles sont comme des boutons
car dès que vous avez commencé à les chercher,
vous en trouvez plus que vous en auriez rêvé.
— Daniel Handler (alias Lemony Snicket) dans
Les désastreuses aventures des orphelins Baudelaire

L'hypothèse

Ce qui se produit dans vos vies est un reflet direct de vos pensées et de vos émotions intérieures. Mon amie Linda m'a raconté l'histoire étonnante d'une jeune femme qu'elle a observée à l'aéroport.

Cette pauvre petite chose se débattait avec trois sacs très lourds. Mais son attitude était bien pire encore que l'encombrement de ses bagages. Elle criait à tue-tête pour manifester à quel point elle était indignée de voir que tout se liguait contre elle.

« Pourquoi, criait-elle, l'autobus prend-il tant de temps à arriver ? Où diable est-il passé ? C'est parfaitement inacceptable ! »

Linda reconnut qu'elle aurait pu être désolée pour la fille si l'autobus qu'elle critiquait avec tant de véhémence ne s'était trouvée à quelques mètres d'elle, avec les portes grandes ouvertes. L'autobus fit deux fois le tour et s'arrêta chaque fois pour prendre des passagers, mais la jeune femme en colère ne le voyait pas. Elle était tellement occupée à se débattre et à hurler sa colère que l'autobus était littéralement hors de sa sphère énergétique.

C'est la raison pour laquelle j'ai nommé ce principe d'après un modèle de voiture très populaire. Dès qu'un nouveau modèle ou fabricant ou marque entre dans votre sphère de conscience, vous vous mettez soudain à le voir partout.

Et c'est ce qui se produit quand nous concentrons notre esprit sur des choses dont nous ne voulons pas.

Le manque, l'insatisfaction et le danger ne sont pas plus répandus qu'une Volkswagen Jetta, mais dès que nous les amenons au niveau de notre conscience, ils prennent le dessus.

D'après les physiciens, il existe un champ point zéro (ce que j'appelle le champ des potentialités ou le CP) où toutes les possibilités existent. Par exemple, il y a la possibilité que vous fassiez partie d'un corps de ballet, une autre que vous soyez un sénateur ou une sénatrice des États-Unis ou encore une autre que vous soyez une personne sans domicile fixe à Haight-Ashbury. Dans le domaine du CP, les possibilités sont infinies.

Étant donné que je ne suis pas physicienne, je peux à peine prononcer le nom de David Bohm et encore moins comprendre sa théorie des réalités superposées. Je préfère considérer le champ comme un gigantesque Wal-Mart proposant des centaines de « produits » ou possibilités.

C'est probablement le bon moment pour préciser que je ne suis pas une fervente de Wal-Mart, que je n'ai jamais tout à fait pardonné à ce géant d'avoir fait fermer des petits magasins comme ma pharmacie préférée au coin de ma rue ou la mercerie. Mais en tant que mère monoparentale avec un budget serré, je dois parfois me résigner à aller y faire mes courses. Et lorsque j'y vais, je sais très précisément où trouver le tissu, les casse-têtes, les chaussures pour enfants — tous les articles que j'achète régulièrement. Mais j'ignore complètement les centaines de milliers d'autres produits qui se trouvent sur les étagères.

Pourquoi ? Parce que ce ne sont pas les articles que je cherche.

Cela ne veut pas dire qu'ils ne sont pas là ou qu'ils ne sont pas aussi « réels » que les casse-têtes ou les chaussures. Cela veut simplement dire que je ne m'en soucie pas. Par exemple, ma fille est une fois rentrée de l'école avec des poux. Après avoir cédé un court instant à la panique et avoir pensé à me jeter du haut du pont le plus proche, j'ai finalement décidé que je fournirais un meilleur exemple parental en allant acheter un shampoing contre les poux. Certainement que dans une allée de Wal-Mart où j'étais passée des douzaines ou des centaines de fois se trouvait tout un choix de shampoing contre les poux. Pourquoi ne les avais-je pas remarqués avant ?

Parce que ce n'était pas ce que je cherchais.

Les chaînes qui nous retiennent

Vos pires ressentis, vos rêves les plus fous,
vos cauchemars les plus sombres ne signifient rien du tout.

— Un cours en miracles

Il y a quelques années, une agence spécialisée dans les concours a distribué 100 voyages gratuits vers les destinations choisies par les gagnants. Ainsi, les bienheureux gagnants pouvaient s'envoler vers Paris pour voir la Tour Eiffel ou vers l'Australie pour escalader Ayers Rock ou vers une île des Caraïbes pour paresser sur la plage. Et devinez ? Quatre-vingt-quinze pour cent des gagnants ont sélectionné une destination située à quatre heures de chez eux. Quatre heures.

Cela résume assez bien la condition humaine. Il y a tant de choses autour de nous, mais la majorité d'entre nous ne nous éloignons pas à plus de quatre heures de voyages de notre « zone de confort ». Nous refusons de bouger, même s'il est évident que nous passons à côté de grandes choses. Sans en être vraiment conscients, nous passons la majorité de nos heures éveillées immergés dans la zone de confort de la négativité. L'attrait du négatif est si fort que bon nombre d'entre nous passons nos journées entières à sauter d'une pensée dépressive à une autre : *j'ai une fois de plus trop dormi, cette guerre est absurde, l'économie est au ralenti, l'essence est chère, mon patron (ou mon enfant ou mon.....) me rend fou.*

La négativité et la peur entrent dans nos vies dès notre naissance : « Nous vivons dans un monde bien étrange, Jimmy. Ne parle surtout pas à des étrangers. Ne t'avise pas de chanter cette chanson idiote à l'épicerie. Quelqu'un pourrait t'entendre. »

Nous apprenons à nous mettre des limites. Nous apprenons à croire à l'état de manque. Nous apprenons que notre penchant naturel pour l'amour, la création et la danse est irréalisable et stupide.

Nos parents croient qu'il est de leur devoir de nous enseigner à être prudents, à être responsables, à nous comporter comme des adultes. Et si, pour une raison ou une autre, nous avons assez de chance pour ne pas avoir des parents qui nous inculquent ces leçons, notre culture nous endoctrine bien vite à croire qu'amasser des choses matérielles est notre but dans la vie et que la seule façon de les obtenir est de s'atteler à l'ouvrage. Nous n'avons pas encore quitté l'école primaire que nous sommes déjà des experts de la compétition et des maîtres dans l'art de vivre avec l'idée de manque et de peur.

Mais devinez ? Ce n'est qu'un énorme subterfuge, une mauvaise habitude. Comme *Un cours en miracles* le stipule très clairement : « Dès que vous avez développé un système de pensée, quel qu'il soit, vous vivez selon ce principe et vous l'enseignez. »

Dès que vous adhérez à une croyance, vous dédiez tous vos sens et toute votre vie à sa survie.

Les physiciens appellent ce phénomène « l'effondrement de l'onde ». Des nombres infinis de particules quantiques sont dispersées dans tout l'univers et dansent autour de nous en formant des ondes. Au moment où quelqu'un pose les yeux sur ces ondes d'énergie, elles se solidifient comme de la gélatine dans le réfrigérateur. C'est votre observation qui leur donne cette apparence solide, réelle et matérielle.

Vous souvenez-vous de Blanche-Neige de Walt Disney, quand elle est couchée par terre dans la forêt et qu'elle pleure ? Elle a l'impression que plein d'yeux la regardent. Et en effet, des douzaines de créatures de la forêt se déplacent furtivement aux alentours. Mais au moment où elle lève la tête pour regarder autour d'elle, tous les jolis petits oiseaux, les écureuils et les cerfs se précipitent derrière les arbres et elle ne voit rien d'autre qu'une forêt épaisse et immobile.

En réalité, notre univers est un champ d'énergie avec des potentialités infinies qui se déplacent, mais puisque nos yeux restent fixés sur les problèmes, c'est ce qui semble être la réalité.

Cela ressemble vraiment à la réalité (ou vous le verrez quand vous y croirez)

Vous ne serez pas libéré tant que vous ne croirez pas que c'est vous qui forgez les chaînes qui vous retiennent.

— Arten dans *Et l'univers disparaîtra* de Gary Renard

En 1970, Colin Blakemore et G.F. Cooper, des scientifiques de l'université Cambridge, menèrent une expérience fascinante avec des chatons. Cela a dû se passer avant que les défenseurs des droits des animaux se fassent entendre car ils prirent une portée de chatons et les privèrent de lumière. À l'exception d'une fois par jour, pendant une heure ou deux, quand les scientifiques laissaient entrer juste ce qu'il faut de lumière pour que les chatons puissent voir deux rayures verticales blanches et noires. C'était tout. Deux heures, deux rayures. Je ne sais pas s'ils ont eu un remords de conscience ou si des protecteurs des animaux comme ceux de PETA se sont mis à leur souffler dans le cou, mais après plusieurs mois, ils ont libéré les chatons de leur prison de ténèbres. Ils ont alors découvert que les cellules corticales des chatons (des cellules des globes oculaires, pour ceux qui ne sont pas intéressés par les sciences) qui favorisent l'orientation non verticale s'étaient mises en hibernation. Ils ne pouvaient plus distinguer les lignes horizontales. Ils heurtaient littéralement des cordes horizontales qui étaient tendues devant eux.

En 1961, quand l'anthropologue Colin Turnbull étudia les Pygmées, il éloigna un de ses sujets de la forêt dans laquelle il vivait. Étant donné qu'ils n'avaient jamais été exposés aux grands espaces ouverts, le sens de la profondeur des Pygmées agit de la même façon que les cellules corticales des chatons. Turnbull lui désigna un troupeau de bisons dans le lointain, et le Pygmée, dont la perception de la profondeur avait été altérée refusa de le croire. « Ce doit être des fourmis », insista-t-il.

Ses perceptions étaient influencées par ce qu'il avait été conditionné à voir. En tant qu'êtres pensants, nous essayons sans cesse de donner un sens à notre monde. Cela semble une bonne chose, non ? Sauf que nous modifions toute information qui n'entre pas dans le cadre de nos croyances sans même y porter attention. Nous pétrissons et nous malaxons jusqu'à ce que tout finisse par entrer dans la boîte bien hermétique de notre système de croyances limité.

Nous croyons que ce que nous percevons avec nos sens est vrai, mais le fait que je n'aurai de cesse de faire entrer dans votre tête est… que cela représente seulement la moitié d'un million pour cent de ce qui est possible.

À la base du tronc cérébral, repose un groupe de cellules ayant environ la taille d'une boule de gomme, dont le rôle est de trier et d'évaluer les données qui entrent.

Ce centre de contrôle, connu sous le nom de Système d'activation réticulaire (SAR), est chargé d'envoyer ce qu'il juge urgent vers la partie active du cerveau et de diriger ce qui n'est pas urgent à l'arrière. Mais tout en organisant, il se charge également d'interpréter et d'attirer les interférences ainsi que de filtrer ce qui ne correspond pas à ce que nous croyons.

Autrement dit, nous préparons à l'avance le monde que nous voulons voir. Dommage que nous choisissions tous le mauvais scénario.

Cette simple expérience d'une durée de quarante-huit heures prouvera que ce que vous voyez dans la vie n'est rien d'autre que ce que vous recherchez. Elle prouvera également qu'il est possible de trouver tout ce que vous cherchez. Et plus important, elle prouvera qu'en modifiant ce que vous recherchez, vous pouvez radicalement changer ce qui se présente dans votre monde.

Une preuve anecdotique

Toto, je crois que nous ne sommes plus dans le Kansas.

— Autocollant pour voiture vu à Lawrence au Kansas

Vous n'avez probablement jamais entendu parler de Peter et Eileen Caddy. Mais je crois que le nom de Findhorn ne vous est pas étranger. Vous souvenez-vous de ce jardin en Écosse où les choux étaient assez gros pour renverser un camion postal ? Eh bien, Peter et Eileen Caddy sont ceux qui ont fait pousser ces énormes choux de vingt kilos (gardez à l'esprit que le poids moyen d'un chou est d'un peu plus de deux kilos), et ils l'ont fait en concentrant leurs pensées sur une vérité d'un niveau supérieur.

Il n'y avait certainement rien d'autre qui les intéressait. En fait, quand les Caddy, leurs trois fils et leur amie Dorothy Maclean en pleine recherche spirituelle installèrent leur caravane sur cette péninsule balayée par les vents qui dominait la Mer du Nord, *désert* et *sans intérêt* sont les termes qui qualifiaient le mieux l'endroit.

Aucune personne saine d'esprit n'aurait choisi ce lieu pour y faire pousser quelque chose et encore moins pour y faire un jardin. Le sol — si on peut l'appeler ainsi — était constitué de roches et de sable ; les rafales de vent étaient assez fortes pour faire tomber un écolier moyen de deuxième année et l'endroit — pour ne pas dire le taudis — où ils habitaient se situait quelque part entre une décharge et un garage en ruine.

Mais en se concentrant sur une vérité plus élevée, ils créèrent un jardin qui ne pouvait qu'être décrit comme miraculeux. Bien que ce soit les choux de 20 kilos qui retiennent l'attention, les Caddy cultivaient également 65 autres sortes de légumes, 21 sortes de fruits et 42 herbes différentes. Et tout cela avant qu'ils ne se mettent à ajouter des fleurs.

Je sais ce que vous pensez : du compost riche et une bonne culture organique. Mais la vérité est que le sol était tellement pauvre que l'agent de développement du comté disait que même le compost ne pouvait rien y changer. Au moment où ils commencèrent à mener leur expérience avec un niveau de conscience plus élevé, les Caddy n'avaient jamais jardiné, pas plus qu'ils n'avaient les moyens d'investir dans les fournitures nécessaires. Peter, qui avait dirigé avec succès un hôtel quatre-étoiles, avait été licencié et ils vivaient tous les six sur l'allocation de chômage qui s'élevait à environ 20 $ par jour.

Donc, ils commencèrent à cultiver des légumes pour une raison : ils pensaient que ce serait une bonne façon de nourrir leurs trois fils. Mais alors qu'ils commençaient à harmoniser leur conscience avec la vérité spirituelle et rien d'autre, toutes sortes de choses étranges se produisirent. Des bottes de paille tombèrent de camions qui passaient sur la route juste à temps pour étendre le paillis. Des sacs contenant des restes de ciment apparurent mystérieusement dans les poubelles d'un voisin juste à temps pour ériger un patio. Alors que les récoltes des voisins souffraient, leurs plants devinrent résistants aux maladies et aux insectes. Finalement, les gens se mirent à affluer vers le jardin des Caddy et aujourd'hui, Findhorn est une communauté spirituelle prospère qui attire 14 000 visiteurs par an.

Comme le dit Peter : « Vous pouvez amener à peu près tout ce que vous voulez dans vos pensées. Alignez-vous avec la conscience de Dieu et vous pouvez donner une forme matérielle à la vérité. Vous créez ce que vous pensez. »

Aucune puissance sur terre ne peut vous couper de cette source, si ce n'est votre propre conscience.

La méthode

Tout ce que nous croyons voir n'est rien d'autre qu'une supposition, une prédiction que font nos cerveaux.

— Kurt Anderson, auteur de *True Believers*

Au cours des quarante-huit heures (c'est tout — un engagement de deux jours sans douleur ; vous êtes libre de retrouver votre petite vie misérable dès que l'expérience est terminée), vous allez activement chercher certaines choses. Et tout comme les élèves de sixième année qui commencent à disséquer des vers, et non des corps humains, vous allez commencer avec quelque chose de simple — des voitures vertes. Ou si vous insistez, choisissez une autre couleur. Beige, par exemple. Pendant les premières vingt-quatre heures de l'expérience, vous allez formuler l'intention consciente suivante : « J'ai l'intention, au cours du prochain jour de ma vie, de chercher (bon d'accord, vous avez gagné) des véhicules de couleur beige. » Ici non plus, vous n'avez besoin de rien de spécial. Gardez simplement les yeux bien ouverts et formulez votre intention. Puis, notez simplement si vous avez pleinement conscience d'avoir vu plus de voitures de couleur beige.

Le deuxième jour, durant la deuxième période de vingt-quatre heures, vous allez formuler le souhait de trouver des papillons jaunes. Ou des plumes violettes. Mon amie Jeanette a fait cette expérience en janvier au nord dans l'État du Michigan et elle a trouvé des papillons jaunes sur du papier à lettres et sur des gobelets en papier à la fête d'anniversaire d'une amie de sa fille.

Une autre amie lisait *Le secret* lors d'un voyage en avion. Ce livre populaire sur la loi universelle de l'attraction suggérait que les lecteurs émettent le souhait de recevoir un café gratuit. Elle éclata de rire en voyant l'hôtesse qui s'approchait d'elle et n'allait pas tarder à lui poser cette question si importante pour le personnel de bord : « Café, thé ou rafraîchissement ? »

« Ce n'est pas juste », nota-t-elle en formulant son souhait avant de passer au paragraphe suivant. Mais, durant son escale, un étranger qui était assis près d'elle dans la salle d'attente se pencha vers elle et lui dit : « Mon vol vient juste d'être annoncé. Je ne peux pas l'emporter et je n'en ai pas bu une goutte. Le voulez-vous ? »

Vous avez bien deviné — il s'agissait d'un café au lait Starbucks tout frais.

Rapport d'expérience

Le principe : Le principe de la Volkswagen Jetta.

La théorie : Vous influencez le champ et vous attirez à vous des choses qui se manifestent en fonction de vos croyances et de vos attentes.

La question : Ne vois-je réellement que ce que je m'attends à voir ?

L'hypothèse : Si je décide de chercher des voitures de couleur beige et des papillons (ou des plumes violettes), je les trouverai.

Temps nécessaire : 48 heures.

Date du jour : ____________________ **Heure** :____________________

Date limite pour recevoir le bienfait :____________________________

La marche à suivre : Si j'en crois les inepties que raconte Pam Grout, le monde extérieur reflète ce que je veux voir. Elle dit que ce n'est rien d'autre que mes propres illusions qui m'empêchent de connaître la paix, la joie et l'amour. Alors, même si je crois qu'elle ment, aujourd'hui, je vais chercher des voitures de couleur beige. Demain, j'irai à la chasse aux papillons.

a. Nombres de voitures de couleur beige observées : [___]

b. Nombre de papillons observés : [___]

Notes de recherche : ____

____

Les miracles n'entrent pas en contradiction avec la nature, mais seulement avec ce qui est connu dans la nature.

— St Augustin, philosophe et théologien latin

Expérience #3

Le principe d'Alby Einstein :

Vous êtes, vous aussi, un champ d'énergie

C'est à portée de main.
C'est tout ce que vous devez comprendre
— tout est à portée de main.
— Ray Charles, chanteur et pianiste américain

L'hypothèse

Je ne vais pas vous ennuyer avec un texte entier sur la physique quantique. J'en ai lu des douzaines et, croyez-moi, c'est plutôt ardu. Mais il y a une ou deux rumeurs qui traînent qui doivent être éclaircies avant d'aller plus loin.

Pour les débutants, celui ou celle que vous pensez être n'est pas celui ou celle que vous êtes réellement.

Vous pensez que votre vie est limitée dans le temps — environ 70 ou 80 ans —, que vous prenez des rides, que vous avez des rhumatismes, puis que vous disparaissez.

Boum ! Tout est fini ! Mais ce n'est pas plus vrai que le rêve que vous avez fait l'autre nuit, avec la belle blonde.

Votre corps est un imposteur, une minuscule fraction de la personne que vous êtes réellement. Quatre-vingt-dix pour cent de votre véritable personnalité est invisible et intouchable. Ce corps que je crois être celui de Pam Grout — cette femme mince, mesurant 1,78 mètre, avec de constants problèmes de peau — est simplement une infime partie de ce que je suis réellement, pas plus éloignée du vrai moi que ces photos de moi lorsque j'étais un bébé de deux mois, avec cet embarrassant bonnet rose sur la tête.

Ne soyez pas gêné si vous êtes tombé dans le piège qui veut que vous, votre corps et le monde qui vous entoure ne sont que de la matière. Il n'est pas facile de vouloir révolutionner ses idées. Ces nouveaux concepts que les scientifiques ont finalement commencé à prendre au sérieux bouleversent littéralement toutes nos croyances sur le mode de fonctionnement de notre monde et sur la façon dont nous nous définissons nous-mêmes.

La vérité et rien d'autre que la vérité

Tout ce que vous connaissez sur l'univers
et sur ses lois est certainement faux à 99,99 pour cent.

— Fred Alan Wolf, Ph.D. , physicien quantique américain

Ce qu'Einstein a découvert et ce que signifie sa fameuse équation $E = mc^2$, c'est que la masse et l'énergie sont fondamentalement la même chose sous deux formes différentes. L'énergie est de la matière libérée et la matière est de l'énergie qui attend de se manifester.

Un énorme montant d'énergie — un montant ridiculement énorme — est emprisonné dans toute chose vivante. En supposant que vous êtes un être humain d'une taille moyenne, vous contenez pas moins de sept fois 10 à la puissance 18 (7×10^{18}) joules d'énergie potentielle. Cela ne veut peut-être rien dire pour vous maintenant, mais faisons semblant pour le moment…

Si vous étiez légèrement plus futé et si vous saviez comment libérer cette énergie, vous pourriez l'utiliser pour vous faire exploser avec la force de trente très grosses bombes à hydrogène.

Autrement dit, le monde matériel n'est rien d'autre que des formes denses d'énergie. Des scientifiques ont placé ces particules subatomiques dans un accélérateur à particules, les ont fait entrer en collision et ont fini par découvrir qu'il n'y avait aucune particule à la source. Ce n'est qu'une quantité illimitée d'énergie à l'état pur qui vibre à une vitesse telle que cela empêche la prise de mesure et l'observation. Donc, en dépit de votre apparence, vous êtes de l'énergie.

En fait, rien dans le monde n'est vraiment solide. Ni vous, ni votre livre, ni la chaise sur laquelle vous êtes assis. Si vous ramenez le monde solide à ses plus petits composants, vous découvrirez des particules qui dansent et de l'espace vide. Il semble solide car l'énergie vibre à une vitesse légèrement plus lente que la vitesse de la lumière.

Voilà ce qu'est l'énergie — des particules qui vibrent. Ce qui signifie que vous, ce livre et la chaise êtes en fait agités de vibrations.

L'énergie est une chose plutôt nébuleuse. Vous ne pouvez pas la voir, l'effleurer ou l'emmener dîner. Mais vous pouvez (et cela chaque jour) exercer une influence sur la manière dont elle s'écoule à travers vous. Et puisque c'est la composante de base de tout dans l'univers, c'est une fonction extrêmement puissante.

Tentez cette expérience qui m'a été enseignée par une pionnière en matière d'énergie, Donna Eden.

1. Amenez les paumes de vos mains l'une contre l'autre comme si vous applaudissiez, mais arrêtez à environ 7 cm avant qu'elles ne se touchent.

2. Maintenant, tournez vos poignets de manière à ce que vos bras forment un X. Les poignets devraient être au centre du X et toujours séparés par 7 cm.

3. Amenez votre attention sur l'espace entre vos poignets. Étant donné que vos poignets contiennent plusieurs centres d'énergie, les énergies se connecteront et, très vraisemblablement, vous éprouverez une sensation dans la zone située entre eux.

4. Essayez de rapprocher vos poignets d'environ 1 cm et de les écarter de nouveau de quelques centimètres plusieurs fois de suite.

Vous voyez ? Qu'est-ce que je vous avais dit ? Vous êtes de l'énergie. À tout instant, vous modelez et façonnez cette énergie grâce à votre conscience. C'est vrai pour toutes vos pensées, toutes vos intentions et toutes vos actions. Ce que vous ressentez, ce que vous pensez, ce que vous croyez et ce à quoi vous attachez de l'importance et la manière dont vous vivez votre vie affectent la façon dont l'énergie circule à travers vous. Pour le dire plus simplement, tout cela affecte la façon dont vous vibrez.

Et la façon dont vous vibrez affecte ce que vous attirez en provenance du champ d'énergie animé de vibrations entremêlées, équilibrées et en mouvement constant dans lequel vous évoluez. Vous extrayez de ce champ tout ce qui vibre à une fréquence ou à une longueur d'onde identique et vous l'intégrez dans votre monde.

Supposons que vous vous sentiez excité ou rempli de joie et de gratitude. Ces émotions envoient des vibrations d'une fréquence élevée qui magnétisent plus de choses pour lesquelles vous allez être excité et rempli de joie et de gratitude. Tout ce qui possède la même fréquence élevée caracolera jusqu'à votre champ d'énergie.

Cependant, si vous êtes effrayé, rongé par la culpabilité et convaincu qu'un terroriste se cache à chaque coin de rue, vous émettez des vibrations de basse fréquence qui attireront des choses déplaisantes dans votre vie.

Nous attirons toujours ce qui s'accorde avec nous sur le plan vibratoire. Nous sommes les initiateurs des vibrations et par conséquent, les « aimants » ou la cause.

Cela fonctionne de la même façon qu'un diapason. Faites résonner un diapason dans une pièce remplie de diapasons avec des calibrages différents et seuls ceux calibrés à la même fréquence résonneront eux aussi. Et ils résonneront à travers tout le Metrodome de Minneapolis. Comme les forces d'attraction : c'est une règle classique de physique.

Il n'y a pas de « vous » et « eux »

Toute personne qui n'est pas choquée
par la physique ne l'a pas comprise.

— Niels Bohr, physicien danois

Comme si vous n'aviez pas déjà assez de choses étranges à assimiler, je vais vous asséner un autre petit détail. Chaque chose appartenant au monde physique tel que nous le connaissons est reliée à une autre chose dans le monde physique. Vous êtes lié et incorporé à un champ d'énergie universel sous-jacent. « Le champ, comme le disait Alby Einstein, est la seule réalité. »

Les choses semblent distinctes parce qu'elles vibrent sur des longueurs d'onde différentes, tout comme la note *do* vibre sur une longueur d'onde différente de la note *si* bémol. Chacune de ces vibrations crée un fil conducteur dans le champ électromagnétique, qui à son tour indique à l'énergie où elle doit aller et ce qu'elle doit faire.

Ce champ d'énergie qui palpite est le moteur central de votre être et de votre conscience. Où est situé ce champ ? En fait, il n'y a pas un endroit où il n'est pas. Tout dans l'univers est lié au champ d'énergie — toutes les formes de vie, que ce soit les zèbres d'Afrique, les hostas dans votre jardin ou ces icebergs qui fondent. Votre intelligence, votre créativité et votre imagination interagissent avec ce champ d'énergie formidable et complexe.

Nous pouvons paraître comme des corps distincts avec des idées distinctes, mais nous ne sommes tous qu'un énorme champ de conscience qui palpite et vibre.

Une preuve anecdotique

> *Ce n'est pas ce que vous ne savez pas qui vous attire des ennuis. C'est ce que vous savez avec certitude.*
>
> — Mark Twain, auteur américain

Edwene Gaines est une de mes ministres préférées de l'Église Unity. Elle est amusante, elle est maligne et elle connaît le fonctionnement des principes spirituels. Elle voyage à travers les États-Unis pour animer des séminaires sur la prospérité durant lesquels elle apprend aux participants comment vivre des vies plus prospères et centrées sur Dieu.

Mais comme le reste d'entre nous, Edwene a dû se familiariser avec les principes spirituels en faisant des essais et des erreurs. Elle raconte une histoire drôle concernant sa « première démonstration importante ». Selon les adeptes de l'Église Unity, une démonstration consiste à tirer quelque chose que vous voulez ou dont vous avez besoin du néant — plus ou moins.

À l'époque de sa première démonstration, Edwene était encore relativement nouvellement initiée aux principes spirituels. Elle était ce que l'on pourrait dire « fauchée ». Comme elle le dit : « Je n'avais pas deux pièces à frotter l'une contre l'autre. »

Mais elle avait entendu son maître spirituel répandre cette rumeur folle que non seulement Dieu l'aimait, mais qu'il voulait ouvrir les portes du paradis pour délivrer ses bienfaits — si elle apprenait simplement à maîtriser son énergie. Mais avant tout elle devait savoir ce qu'elle voulait et quand elle le voulait.

C'était facile. En quinze minutes, Edwene remplit toutes les feuilles d'un bloc-notes jaune de format légal de ses désirs — de nouvelles chaussures vertes, un nouvel amoureux, une nouvelle voiture, et ainsi de suite.

Elle décida qu'elle voulait également passer une semaine de vacances à Mexico. Elle n'y était jamais allée, mais elle s'imaginait que c'était l'endroit idéal pour parfaire son espagnol.

De plus, elle avait toujours voulu voir la Pyramide du soleil, la Pyramide de la lune ainsi que les tableaux de Diego Rivera.

Edwene n'avait pas assez d'argent pour s'offrir le voyage, donc elle avait considéré le fait de l'inscrire comme une plaisanterie. Mais elle s'était dit *Et pourquoi pas* ! Elle s'était même rendue dans une agence de voyages. Elle avait regardé les brochures et avait tenté de faire une réservation trois mois en avance sur la date à laquelle elle avait décidé qu'elle voulait voyager.

— Je me disais que le pire qui pouvait arriver était que je me retrouve gênée devant l'agent de voyage parce que je ne pouvais pas payer, expliqua Edwene.

— C'est seulement parce que vous n'avez pas la sensation d'être riche, renchérit son maître. Vos vibrations ne sont pas celles d'une personne riche.

— Bon, j'aurais pu vous le dire, répliqua Edwene. Avez-vous jeté un coup d'œil à mon compte en banque dernièrement ? J'ai de la difficulté à payer ma facture d'électricité.

— Voilà pourquoi vous devez sortir et faire quelque chose pour vous sentir riche, insista son maître.

Edwene décida que son plus grand défi était de se rendre à l'épicerie.

« J'étais le genre de personne qui achetait le strict minimum — des haricots, du maïs, de la farine, les produits essentiels, déclara-t-elle. Je n'osais pas dépenser trop d'argent sur des articles qui n'étaient pas de première nécessité. Rien comme les bains moussants. Je devais respecter mon budget. »

Donc, elle décida que la prochaine fois qu'elle serait à l'épicerie, elle irait dans le rayon des produits gourmet, juste pour y jeter un coup d'œil.

Elle remarqua un bocal d'olives fourrées aux amandes. Elle regarda de plus près et se dit que c'était ce que mangeaient les gens riches. Donc elle l'acheta, puis elle rapporta ses provisions chez elle et elle téléphona à son amie Lana.

— Lana, je vais venir chez toi. Nous allons nous asseoir près de la piscine et nous allons sortir des nouveaux verres à vin en cristal et nous allons boire cette bouteille de vin que tu viens juste d'acheter. Nous allons manger les olives que j'ai payé une fortune et nous allons faire comme si nous passions des vacances exotiques à Mexico.

— Qu'est-ce que tu dis ? souffla Lana.

Elle finit par accepter de jouer le jeu. Et comme on pouvait s'y attendre, elles s'assirent près de la piscine chez Lana, elles burent du vin et mangèrent des olives en riant aux éclats et firent semblant d'être en vacances à Mexico.

— Alors, ma chérie, quelle pyramide devrions-nous visiter demain ? demanderait Edwene. Ou peut-être devrions-nous plutôt aller à la plage ?

— Faisons les deux, et ensuite nous pourrons aller sur la place du marché pour écouter les mariachis, répondrait Lana.

Elles s'amusèrent tellement que Lana décida qu'elle voulait aller à Mexico, elle aussi. Le lendemain, elle se rendit à la même agence de voyages et fit sa réservation.

Dans le courant de la semaine suivante, la mère de Lana lui téléphona et lui dit :

— Tu sais ? J'aimerais t'offrir le billet d'avion pour Mexico.

— Mais c'est *moi* qui ai fait les affirmations, plaisanta Edwene.

Quelques semaines plus tard, l'agent de voyage téléphona à Edwene pour l'informer que si elle ne venait pas payer son billet d'avion le jour même, elle allait devoir annuler sa réservation.

« D'accord, j'arrive », rétorqua Edwene à l'agent de voyage, bien qu'elle se sente aussi dépourvue que la cigale de la fable. Elle monta dans sa voiture et décida qu'il était temps pour elle d'avoir une discussion sérieuse avec Dieu.

« Dieu, dit-elle, j'ai fait tout ce qu'il fallait. J'ai fait ma liste. J'ai fait mes affirmations. J'ai fait comme si j'étais riche. D'après ce que je sais, le reste dépend de vous. Et, mon Dieu, puisque cet agent de voyage vient de m'appeler, je vais aller le voir et il vaudrait mieux que l'argent soit là. »

En se rendant à l'agence de voyages, elle eut le pressentiment qu'elle devait s'arrêter chez sa mère.

« À présent, je me connais assez bien pour savoir que je pensais certainement que si je disais à ma mère que la mère de Lana lui offrait son billet, elle accepterait peut-être de m'offrir le mien », concéda Edwene.

Elle se rendit chez sa mère, se montra aussi gentille que possible, et lui parla des vacances à Mexico qu'elle et Lara avaient concoctées. Elle finit de raconter son histoire, leva les yeux vers sa mère, et lui dit :

« Et tu sais ? La mère de Lana a même accepté de payer le billet de Lana. N'est-ce pas merveilleux ? »

Découragée, Edwene abrégea sa visite et se dirigeait vers la porte quand sa mère lui demanda si elle voulait bien aller chercher son courrier.

La maison de sa mère se trouvait au bout d'une longue allée et Edwene se rendit donc jusqu'à la boîte à lettres en donnant des coups de pied dans les gravillons et en marmonnant des gros mots. Sur le chemin du retour, Edwene décida de passer en revue les enveloppes et elle se rendit compte qu'une lettre lui était adressée.

« C'est bizarre, cela fait quinze ans que je n'habite plus chez ma mère et cela fait quinze ans que je n'ai pas reçu de courrier ici », se dit-elle.

Edwene, qui ne savait vraiment pas qui était la personne mentionnée sur l'adresse de retour, ouvrit l'enveloppe d'un geste brusque. Croyez-le ou non, il s'agissait d'une lettre d'une ancienne colocataire avec qui Edwene avait vécu jusqu'à ce qu'elle se marie, quinze ans plus tôt. À cette époque, elles étaient toutes les deux jeunes, pauvres et elles avaient décoré leur logis avec ce qu'elles avaient trouvé à l'Armée du salut.

Même pas trois mois après qu'elles s'étaient installées ensemble, Edwene avait trouvé un emploi d'enseignante à l'étranger et elle était partie en laissant la colocataire, l'appartement et les meubles usagés derrière elle.

Voilà ce que disait la lettre :

Chère Edwene,

L'autre jour, je regardai l'annuaire téléphonique de la ville de Houston lorsque je suis tombée sur l'adresse de tes parents. Je voulais te dire que je me suis mariée et que j'habite maintenant dans une belle maison avec mon mari. Nous avons garni la maison avec des meubles neufs et j'ai donc vendu tous ceux que nous avions achetés il y a quinze ans. Il s'est avéré — le croirais-tu ? — que certains d'entre eux avaient une certaine valeur. Je ne me sens pas le droit de garder tout l'argent puisque nous avons travaillé très fort pour meubler cet endroit. Je t'envoie donc un chèque représentant la moitié du montant de la vente.

« Et vous savez quoi ? déclara Edwene. C'était exactement le montant dont j'avais besoin pour payer mon billet, au cent près, avec 100 $ en plus à dépenser. »

Edwene ajouta également une suite amusante à son récit. Comme on pouvait s'y attendre, Lana et Edwene avaient passé des vacances merveilleuses à Mexico. Elles avaient couru les magasins, s'étaient prélassées près de la piscine, avaient visité les pyramides et s'étaient promenées dans les marchés.

« Et partout où nous allions, Lana se voyait offrir des fleurs », poursuivit Edwene. Nous nous promenions dans un marché et les mariachis se sont arrêtés de jouer et ont apporté un gardénia à Lana. Un jour, nous étions dans l'autobus et un gars est monté, a tendu une rose à Lana et est descendu. Un soir, durant le souper, une grande boîte blanche est apparue à notre table. Lana l'a ouverte et elle contenait une douzaine d'orchidées. J'ai fini par me sentir délaissée. J'ai dit à Dieu : « Regarde, mon cher, j'ai besoin d'un signe pour me montrer que je suis aimée, moi aussi. »

À peine quinze minutes plus tard, le serveur du restaurant apporta les hors-d'œuvre.

« Et Dieu a vraiment le sens de l'humour, lança Edwene en riant. Savez-vous ce que le serveur a apporté ? Des olives fourrées aux amandes. »

La méthode

La communauté des scientifiques de l'Ouest,
et en fait la totalité d'entre eux, sont dans une position difficile
car pour maintenir notre mode de vie actuel,
nous devons ignorer un grand nombre d'informations.

— Cleve Backster, chercheur sur les plantes et ancien agent de la CIA

Même si ce principe est une des pierres angulaires des principes spirituels (n'oubliez pas que spirituel désigne simplement ce qui est opposé au matériel), il est apparu pour la première fois non pas dans une église, mais dans un laboratoire de physique. Oui, ce sont les scientifiques qui ont découvert les premiers que, malgré toutes les apparences du contraire, les être humains ne sont pas faits de matière, mais de vagues d'énergie qui ne cessent d'onduler.

Au cours de cette expérience, vous allez prouver que vos pensées et vos sentiments créent aussi des ondes d'énergie. Voilà ce que vous devez faire : prenez deux cintres métalliques, que l'on trouve aisément dans la plupart des placards. Détordez le crochet de chaque cintre jusqu'à ce que vous obteniez deux fils métalliques droits. Ce sont vos « baguettes d'Einstein ». Ou plutôt elles le deviendront quand vous leur aurez donné la forme d'un L d'environ 30 centimètres pour la partie principale et 12 centimètres pour la poignée. Coupez en deux une paille en plastique (vous pouvez vous en procurer gratuitement dans les chaînes de restauration rapide), glissez la poignée que vous venez juste de plier à l'intérieur des pailles (vos baguettes pourront ainsi osciller aisément), et pliez le bas du cintre pour tenir la paille en place.

À présent, faites comme si vous étiez Matt Dillon, avec les bras tendus et un pistolet dans chaque main dans *Gunsmoke* avec les baguettes maintenues à la hauteur de la poitrine et à environ vingt-cinq centimètres de votre corps. Au début, elles vont bouger dans tous les sens (comme je l'ai dit, vous êtes une rivière d'énergie), donc accordez-leur quelques instants pour qu'elles se stabilisent. Dès qu'elles se sont immobilisées, vous pouvez commencer l'expérience.

Avec les yeux fixés devant vous, remémorez-vous de manière la plus réaliste possible un évènement particulièrement désagréable de votre passé. En fonction de l'intensité de vos émotions, les baguettes resteront pointées soit vers l'avant, soit vers l'intérieur, bout contre bout. Les baguettes suivent les bandes électromagnétiques qui entourent votre corps, qui se sont contractées sous l'effet de la fréquence négative générée par votre pensée et vos émotions désagréables.

Maintenant, faites en sorte que vos fréquences deviennent positives en concentrant vos pensées sur des choses agréables. Les baguettes pointeront alors vers l'extérieur au fur et à mesure que votre champ d'énergie se développera sous l'effet de votre flux d'énergie positive.

À présent, gardez les yeux fixés devant vous, mais concentrez votre attention sur un objet situé à votre droite ou à votre gauche et observez les baguettes qui suivent vos pensées. Plus vous vous exercerez, plus vous deviendrez un expert et vous sentirez de plus en plus le changement de vibrations lorsque vous passerez d'une fréquence à une autre.

Rapport d'expérience

Le principe : Le principe Alby Einstein.

La théorie : Vous êtes un champ d'énergie dans un champ d'énergie encore plus vaste.

La question : Puis-je être réellement composé d'énergie ?

L'hypothèse : Si je suis de l'énergie, je peux contrôler mon énergie.

Temps nécessaire : Expérience d'une durée de 2 heures.

Date du jour : ________________ **Heure** :________________

La marche à suivre : Hourra ! Avec seulement la puissance de mes pensées et de mon énergie, je peux faire danser la valse à ces baguettes. Imaginez quel autre tour de magie je peux exécuter. Comme un célèbre président l'a déjà dit : « Allez-y. »

Notes de recherche : ____________________________________

____

Pour être un véritable chercheur scientifique — suivre la procédure objective d'une enquête purement scientifique —, il ne faut pas avoir peur de suggérer l'impensable et de prouver aux amis, collègues et scientifiques des paradigmes erronés.

— Lynne McTaggart, auteure de *The Field*

Expérience #4

Le principe Abracadabra :

Ce sur quoi vous concentrez vos pensées se développe

Je peux manipuler les influences extérieures dans ma vie aussi sûrement que je peux faire pleurer un bébé en souriant.

— Augusten Burroughs, auteur américain

L'hypothèse

La première fois que j'ai entendu dire que mes pensées pouvaient apporter des choses matérielles dans ma vie, j'ai fait ce que toute personne douée d'intelligence et de raison ferait. J'ai pouffé de rire. Mais j'ai également décidé de faire un essai. Quel mal pourrait-il y avoir à faire secrètement une expérience ?

Andrea, mon maître, m'a dit d'inscrire trois choses que je désirais. C'est tout. Je n'avais même pas besoin de les faire apparaître de nulle part.

Je n'avais pas besoin d'établir un budget. Je devais simplement faire une liste. Allons-y. *Je veux une bicyclette, un ordinateur et un piano.*

Durant les deux semaines qui suivirent, je devins la fière propriétaire d'un magnifique vélo tout-terrain rouge et d'un ordinateur de bureau IBM Junior. Il fallut un peu plus de temps pour le piano. Mais il y a quelques années, mon amie Wendy, qui allait vivre dans le Maryland, me téléphona pour me dire que si je venais le chercher, elle pouvait me donner son magnifique Kimball en merisier. Depuis ce jour, ma fille m'en veut de l'avoir forcée à prendre des leçons de piano.

Oui, c'est le chapitre que vous attendez tous : le chapitre qui explique comment faire apparaître des choses matérielles. C'est le principe spirituel qui attire les adeptes en devenir comme les garçons de quinze ans sont attirés par Megan Fox.

Laissez-moi deviner. À un certain moment de votre vie, vous avez lu *Réfléchissez et devenez riche, La magie de croire, La puissance de la pensée positive*, ou d'autres ouvrages similaires. Aussi vieux et dépassés que puissent être ces livres, il doit y avoir une bonne raison pour qu'ils soient sans cesse en réimpression. Ils parlent d'une vérité universelle. *Si vous savez ce que vous voulez, vous pouvez l'avoir.*

Mon ami Chris — bon d'accord, la plupart de mes amis — pense que ce principe se base sur la magie, quelques mystérieuses amulettes qui pourraient être efficaces pour certains et pas pour d'autres. Mais ce n'est pas plus compliqué que de marcher de Biloxi au Mississipi jusqu'à la Nouvelle-Orléans à partir du moment où vous avez la bonne carte géographique. Disons que Biloxi est le point où vous en êtes — une vieille Escort de 1994, un emploi que vous ne supportez pas, et de nombreuses fins de semaines passées seul à regarder des films — et que la Nouvelle-Orléans, l'endroit où vous voudriez vraiment être, est une Jaguar flambant neuve, un emploi bien rémunéré qui fait appel et apprécie vos plus grandes forces et des fins de semaine à regarder des films avec un spécimen incroyablement séduisant du sexe opposé.

Alors, comment vous y rendre ? Vous devez avant tout concentrer votre attention sur la Nouvelle-Orléans. Vous oubliez même jusqu'à l'existence de Biloxi et votre vieille Escort de 1994.

Et vous gardez à l'esprit qu'à tout moment vous vous dirigez vers la Nouvelle-Orléans ou vous retournez vers Biloxi. Chaque pensée est une étape dans une direction ou une autre. Les pensées qui vous font retourner à Biloxi sont celles du genre *Il n'y a pas de bons emplois, ni d'amoureux séduisants* ou encore plus populaire *Il y a de bons emplois et des amoureux séduisants, mais par pour les gens comme moi.*

Les pensées qui vous entraînent vers la Nouvelle-Orléans sont plutôt du genre *Ce nouvel emploi va être tellement intéressant* ou *Celui qui est assis près de moi sur le canapé est très attirant*. Plus vous y mettrez d'énergie et d'excitation et plus vous l'obtiendrez rapidement.

Certains individus sont excités et s'avancent alors prudemment vers leurs désirs, mais ils paniquent et retournent aussitôt à Biloxi. D'autres quittent les limites de la ville de Biloxi, marchent pendant un certain temps, s'arrêtent un instant pour regarder autour d'eux et sont furieux parce que ce qu'ils voient ne ressemblent pas à la Nouvelle-Orléans.

Bien sûr, cela ne ressemble pas à la Nouvelle-Orléans. Vous n'êtes pas encore arrivé. Vous regardez encore les abords de la ville de Biloxi que vous devrez traverser pour vous rendre à la Nouvelle-Orléans. Mais vous avez quitté Biloxi. Dites des mots d'encouragement et restez concentré. Quoi que vous fassiez, n'arrêtez pas de marcher. La seule façon d'atteindre la ligne d'arrivée et de déboucher la bouteille de champagne, de l'endroit où vous voulez être, est de garder les yeux fixés dans cette direction. Ne vous retournez pas pour regarder en arrière. Biloxi est de l'histoire ancienne. Restez concentré sur… ai-je dit la Nouvelle-Orléans ?

Au début, vous serez fier de vous pour avoir entrepris ce nouvel effort héroïque. Vous serez étonné de constater à quel point il vous a été facile de rester concentré sur la magnifique ville de la Nouvelle-Orléans. Vous rirez et sauterez de joie en appréciant le panorama. Mais, inévitablement, les sujets de distraction apparaîtront.

Vos pensées vont s'impatienter, elles vont très vite s'ennuyer dans leur nouvelle routine, et elles voudront retourner à Biloxi — vous savez, juste pour une petite visite, juste pour une tasse de thé. Vous commencez à passer de moins en moins de temps à la Nouvelle-Orléans et de plus en plus de temps à vous demander pourquoi il est inutile de faire des efforts. Vous devriez peut-être vous débarrasser de cette idée avant qu'elle ne soit trop ancrée pour vous rappeler où vous habitez.

Mais ne faites pas ça. Continuez à avancer en restant concentré sur la Nouvelle-Orléans.

Au risque de paraître pointilleuse, je tiens à préciser que l'exemple Biloxi—Nouvelle-Orléans n'est qu'une métaphore. Et je n'ai absolument pas voulu offenser Biloxi, qui est en fait une ville très agréable avec le récent Ohr-O'Keefe Museum of Art conçu par l'architecte Frank Gehry. Il est important de se rappeler que cela ne nécessite aucun véritable travail physique. Il vous faut simplement entraîner votre esprit, cet incorrigible fainéant.

Cela semble de belles promesses, je sais. Mais je l'ai vu se produire bien des fois. Il ne faut pas de capacités particulières pour aller à la Nouvelle-Orléans. Il suffit d'avoir la volonté de continuer à avancer. Et de concentrer votre attention, votre énergie et votre conscience.

Cela me fait toujours penser à un magicien qui fait passer une écharpe dans un trou. Si vous pouvez en saisir un petit bout à une extrémité, vous pouvez la tirer en entier. C'est tout ce qu'il faut — une toute petite extrémité. Décidez que vous la voulez et restez concentré jusqu'à ce que vous l'ayez tirée tout entière.

Que pouvez-vous matérialiser ? Pratiquement tout ce que vous avez vu, entendu ou expérimenté. Au fond, le monde est votre catalogue dans lequel vous pouvez passer votre commande. Si vous l'avez vu ou même si vous pouvez l'imaginer, il vous suffit de saisir une extrémité de cette écharpe et de commencer à marcher.

Je devrais peut-être être plus précise. La « Nouvelle-Orléans » de mon ami Don était une guitare Martin. Le premier prix pour une guitare Martin est de 1 100 $ et étant donné qu'il n'avait pas l'argent disponible pour se la payer, Don déclara son intention de posséder une guitare Martin. Il ne fit rien d'autre que de croire fermement (se concentrer sur cette guitare) qu'un jour il allait en posséder une.

Presque un an plus tard, il reçut un message de sa mère : « Ton père a acheté une vieille guitare dans une vente de garage pour 5 $. Daisy pourrait s'amuser avec. »

Eh bien, cet ancien jouet pour Daisy, la fille de Don, était un modèle très rare, une guitare Martin 000-28 de 1943 qui avait été fabriquée à seulement 100 exemplaires — la guitare dont se sert Eric Clapton — valant environ 20 000 $. Daisy allait devoir attendre de recevoir la guitare en héritage dans le testament de Don.

J'aime lui donner le nom de principe de la Statue de la Liberté. Même si ce principe est la balise qui représente tout ce que les gens croient vouloir — des vacances à la Jamaïque, une grande maison à Malibu —, il est en fait très bas dans la hiérarchie des besoins de Maslow, seulement au premier et peut-être au deuxième rang. Vous devez bien entendu vaincre ce principe pour pouvoir détourner votre esprit des soucis matériels et pour pouvoir découvrir qui vous êtes réellement, mais aucun de ces « trucs » n'est vraiment ce que vous voulez. Pas vraiment.

Jésus n'aurait jamais pu ramener Lazare à la vie et multiplier les poissons et les miches de pain s'il avait été préoccupé par l'envie de posséder une villa sur la plage. Cela dit, je ne veux pas que vous vous sentiez coupable de vouloir une grande maison à Malibu. Il n'y a rien de mal à ça. Ou à toute autre chose dont vous avez envie. Ne culpabilisez pas. Désirez-la. Dirigez-vous vers elle avec tout votre cœur et votre énergie. Sachez simplement qu'il existe des niveaux plus élevés. Et que la majorité des gens entassent des choses matérielles par peur. Et la peur, après tout, c'est ce que nous tentons d'éliminer.

Assurez-vous d'être cohérent

L'Esprit Supérieur est partout. Il n'est pas nécessaire de Lui parler à haute voix. Il entend tout ce qui est dans vos esprits et dans vos cœurs.

— Black Elk, sorcier/guérisseur de la tribu Lakota

De nombreuses personnes croient qu'elles peuvent provoquer le changement simplement en s'adressant à Dieu pour lui demander de l'aide. Mais puisque nous savons maintenant que Dieu est le champ de force qui régit l'univers, nous savons également que chacune de nos pensées provoque le changement. Chaque fois que nous pensons quelque chose — que ce soit *Avec cette jupe, elle ressemble à John Travolta dans Hairspray* ou *Je vais me faire hara-kiri si je n'obtiens pas cette augmentation* — nous influençons le champ de potentialités infinies. Je crois qu'il vaudrait mieux que je répète que *la moindre de nos pensées affecte le CP.*

L'unique raison pour laquelle nous ne changeons pas l'eau en vin ou pour laquelle nous ne guérissons pas le cancer par le toucher est parce que nos pensées sont éparpillées dans tous les sens. Au lieu de rester unies et constantes comme un diapason bien réglé, nos pensées sont plutôt comme un groupe de jeunes joueurs de trompette débutants.

D'un côté, nous prions pour que les choses fonctionnent, mais d'un autre côté, nous nous inquiétons à l'idée qu'elles pourraient ne pas fonctionner. Au même instant, nous imaginons une issue positive et nous pensons secrètement que l'optimisme est un tas de balivernes.

Nous voulons nous engager dans une relation avec untel, mais en même temps, nous pensons qu'il pourrait nous quitter. Nous voulons gagner de l'argent, mais la Bible ne dit-elle pas quelque chose au sujet des chameaux et des riches et du trou d'une aiguille ?

La force rebondit littéralement contre les murs. *Va par là. Non, attends ; va plutôt par là.* Elle se cogne contre les parois comme une luciole dans un bocal en verre. Elle est dispersée parce que nous ne savons pas clairement ce que nous voulons. Ce n'est pas que le champ de potentialités ne répond pas à nos prières. C'est seulement que nous « prions » pour trop de choses différentes.

Quand vous pensez qu'une personne normale a quelque chose comme 60 000 pensées dans une seule journée, vous comprenez que bon nombre de vos prières concernent autre chose que celle disant « Je vous en prie, mon Dieu, faites que je ne reçoive pas de contravention pour excès de vitesse », que vous avez faite quand vous avez remarqué les gyrophares de la voiture de police.

Bien sûr, vous priez pour connaître la paix de l'esprit aujourd'hui, mais en même temps, vous dilapidez 1 200 pensées qui vous obsèdent sur ce maudit collègue qui a volé votre idée pour le site web. Oui, vous exprimez l'intention de « penser et devenir riche », mais vous dédiez 500 pensées à vous inquiéter au sujet des paiements de votre crédit automobile.

Quand vous prenez la prière pour ce qu'elle est réellement, il est plus facile de comprendre pourquoi cette prière faite à Dieu ne se réalise pas toujours.

L'unique raison pour laquelle Jésus pouvait marcher sur l'eau était parce que toutes ses pensées (prières) croyaient qu'il le pouvait. Il avait vaincu le système de pensée du monde qui disait *Seul un idiot serait suffisamment stupide pour quitter le bateau.* Il n'y avait aucun doute — pas une seule pensée (prière) dans sa conscience qui ne le croyait fermement.

Votre esprit est très puissant, peu importe à quel point vous ne respectez pas le privilège, peu importe à quel point vous vous sentez inefficace. La moindre petite pensée produit une forme à un certain niveau. Le simple fait que ces pensées soient confuses (et croyez-moi, si vous êtes un être humain, au moins certaines de vos pensées sont confuses) ne les rend pas pour autant faibles ou inefficaces. Faibles et inefficaces à obtenir ce que vous voulez, peut-être, mais jamais faibles et inefficaces en général.

La première loi de la prière de Newton

En choisissant nos pensées et en sélectionnant les courants émotionnels que vous allez libérer et ceux que vous allez renforcer, vous déterminez les... effets que vous aurez sur les autres et la nature des expériences de votre vie.

— Gary Zukav, auteur du livre *Le siège de l'âme*

Quand vous lancez une balle de tennis dans les airs, vous savez avec certitude qu'elle va retomber. Bien sûr, il se pourrait qu'elle retombe dans le parterre de pétunias du voisin ou sur le toit d'un dépanneur et vous aurez besoin d'une échelle pour aller la récupérer, mais il est certain qu'elle retombera.

Une intention est tout simplement comme cette balle de tennis. Elle revient exactement de la façon dont vous l'avez envoyée. Comme le disait Newton dans sa célèbre troisième loi du mouvement, pour chaque action, il existe une réaction égale et opposée. Ce que vous émettez, ce pour quoi vous « priez »... vous reviendra dans une mesure égale. Si vous émettez des pensées de peur, vous recevrez en retour des choses qui font peur. Si vous mentez, on vous mentira. Si vous critiquez, on vous critiquera. Mais si vous émettez de l'amour, vous obtiendrez beaucoup d'amour en retour. Si vous envoyez des bienfaits, vous recevrez des bienfaits à votre tour.

Si vous voulez savoir ce pour quoi vous priez réellement, regardez ce qui se passe dans votre vie. Vous verrez vos pensées les plus profondes, les véritables désirs de votre cœur, les prières que vous seul connaissez.

Une de mes amies était effrayée par les araignées. Elle avait toujours peur qu'un matin en fouillant dans son tiroir à maquillage, elle se retrouve avec une araignée géante dans le creux de sa main au lieu d'un tube de rouge à lèvres. Cette pensée sans fondement fit son chemin dans son cerveau tous les matins pendant des mois jusqu'à… devinez ce qui arriva ? Elle mit la main dans son tiroir et en ressortit une énorme araignée poilue.

Autrement dit, la pensée est créatrice. Les pensées que vous gardez dans votre esprit, conscient ou inconscient, créent ce que vous voyez dans votre vie. Toute pensée émet une certaine vibration. Elle revient vers vous comme un boomerang en fonction de sa puissance, de son intensité et de la profondeur de la sensation. Vos pensées apparaissent dans votre vie en fonction de leur constance, de leur intensité et de leur puissance.

Tergiversations entre Je vais bien – Tu vas bien (ou comment fonctionne votre cerveau)

Il y a foule au fond de moi.

— Pradeep Venugopal, blogueur indien

Votre esprit est engagé dans une épreuve de force continue entre différentes parties conflictuelles de vous-même. Ces intentions fragmentées, si vous le voulez, mettent en marche toutes sortes de dynamiques. Supposons que vous avez l'intention consciente d'acheter une nouvelle maison. Au moment même où vous énoncez cette intention, vous envoyez simultanément une crainte inconsciente, mais tout aussi efficace, de devoir supporter des remboursements hypothécaires plus élevés. Vous commencez à vous inquiéter des taux d'intérêt et à vous faire du souci au sujet du contrat pour le contrôle des termites sur votre maison actuelle que vous avez laissé expirer par inadvertance, les deux envoyant encore plus d'intentions inconscientes. Si ces intentions inconscientes de peur sont plus fortes que les intentions conscientes de désir… devinez lesquelles vont l'emporter ?

La dynamique créée par des intentions opposées peut entraîner la confusion et le doute. En vous ouvrant à de nouvelles perceptions et à de nouveaux désirs tout en expérimentant la peur et l'angoisse, vous créez un conflit.

Si cette situation perdure, vous en venez même à douter du bon fonctionnement de ce processus. Ou du moins vous en concluez que cela ne fonctionne pas pour vous. Vous vous découragez et vous commencez à croire que la vie et les circonstances sont plus puissantes que vous ne l'êtes.

Croyez-moi, ce n'est pas le cas. Et de loin. Vos intentions conflictuelles ne font que créer de la turbulence dans le champ de potentialités.

Vos pensées sont extrêmement puissantes. Mais le CP ne répond pas seulement à vos suppliques. Permettez-moi de me répéter : il répond à toutes les pensées — conscientes ou inconscientes — avec des côtés opposés qui se battent pour savoir qui va l'emporter. Voici quatre des champs de bataille les plus courants :

1. **La routine.** Nous, humains, avons cette fâcheuse tendance à adopter des comportements routiniers. Vous vous souvenez de ces 60 000 pensées quotidiennes que j'ai mentionnées plus tôt ? Eh bien, toutes à l'exception de 1000 de ces pensées sont exactement les mêmes pensées que vous avez eues la journée d'avant. Les scientifiques nous disent que 98 pour cent de nos 60 000 pensées sont des répétitions de celles de la veille.

Ma voisine a une clôture invisible. Vous ne pouvez pas la voir, mais si son petit terrier Jack Russell ose mettre une patte de l'autre côté de cette clôture, il reçoit un choc douloureux. Nous sommes tous comme ce petit Jack Russell — prisonniers à l'intérieur de nos clôtures invisibles.

Au lieu d'utiliser nos pensées pour mettre en place de nouvelles idées, pour demander des éclaircissements sur les grands mystères de la vie, nous les gaspillons sur des choses insignifiantes et parfaitement inutiles. Regardez la couverture d'un magazine typiquement féminin :

MAIGRISSEZ RAPIDEMENT

STRATÉGIES DE DERNIÈRE MINUTE
POUR ÊTRE SÉDUISANTE DURANT LES FÊTES

JEU QUESTIONNAIRE : VOTRE PARTENAIRE
VOUS AIME-T-IL VRAIMENT ?

N'avons-nous rien de mieux à penser ?

Si les sept millions de lectrices de ce genre de magazines pouvaient se demander à la place *Comment développer mon âme ?* Ou *Que puis-je faire pour rendre le monde plus accueillant ?*, les grands problèmes que nous craignons tant seraient résolus en une année. Sept millions de personnes concentrées sur de tels problèmes représentent une force irrésistible !

2. **L'annonce du publicitaire.** Les annonceurs américains dépensent plus de 400 milliards chaque année pour essayer de vous convaincre que vous perdez gros si vous n'utilisez pas leurs produits. La raison d'être des annonces publicitaires mensongères est de faire en sorte que vous et moi ne soyons pas satisfaits de ce que nous avons et de ce que nous sommes. L'Américain moyen voit entre 1 500 et 3 000 spots publicitaires

par jour. Même ceux qui ne regardent pas la télévision sont constamment invités à « consommer. » En commençant par les écrans de distributeurs ATM et les sacs de nettoyage à sec et en passant par les étiquettes sur les fruits du supermarché, tout est bon pour afficher des publicités.

À mon avis, les annonces publicitaires les plus dangereuses sont celles pour les nouvelles prescriptions de médicaments parce qu'elles apprennent aux gens à être malades. Les publicitaires des agences de Madison Avenue à New York ont fait un excellent travail en nous habituant à avoir besoin de déodorant, de rince-bouche et de pizza deux-pour-une. À présent, ils brisent de nouvelles barrières en nous formant à être malades. Steven Pressfield, l'auteur à succès de *La légende de Bagger Vance* et d'autres ouvrages, raconte que son ancien patron à l'agence de publicité où il travaillait l'avait encouragé à « inventer une maladie » parce qu'alors nous pourrions vendre des tonnes de médicaments pour la guérir.

3. **La tête des autres.** Comme les ondes radio qui voyagent dans l'atmosphère, les pensées des autres personnes vous bombardent sans cesse. Vous captez inconsciemment les pensées de votre famille, de votre culture et de votre religion, même si vous ne la pratiquez pas activement.

J'ai déjà rencontré un homme qui avait inventé des douzaines de produits, dont faisaient partie de nombreux articles dont vous vous servez chaque jour. Il était régulièrement qualifié de « génie ». Mais si vous lui faisiez passer le test se rapportant à la loi « Aucun Enfant Laissé pour Compte » de 2001, il aurait été rétrogradé à la première année. Il n'avait jamais appris à lire et il disait que c'était intentionnel.

« Si j'avais appris à lire, disait-il, j'aurais pris les idées des autres et je les aurais gravées dans ma tête. J'ai choisi de ne pas m'embarrasser avec cette interférence. »

Voici probablement arrivé le moment où je dois préciser que je ne prône pas l'analphabétisme, mais que je veux simplement souligner que moins il y a d'interférence provenant d'un monde fou, rempli de pensées, dans votre tête et mieux vous accédez au CP. En fait, c'est la raison pour laquelle tous les *maîtres* spirituels pratiquent la méditation ; parce que cela les aide à se soustraire à toutes ces interférences.

4. **Votre propre tête.** Malgré ce que vous pouvez imaginer de la nature de vos pensées, il est presque certain qu'une pensée encore plus importante ne va pas tarder à s'imposer. Malheureusement, nous avons tous une bande-son sous-jacente qui donne à peu près ceci :

Il y a quelque chose qui ne va pas chez moi.

Je ne suis pas assez bonne.

Je n'ai aucun talent.

Je ne le mérite pas.

Je ne peux pas le faire.

C'est trop difficile.

La multiplication des déclarations négatives comme celles-ci est ce que nous appelons des fausses prières, les croyances par défaut selon lesquelles vous avancez docilement. La bonne nouvelle est qu'elles ne sont pas vraies. La mauvaise nouvelle est qu'elles opèrent comme si elles étaient vraies. Elles représentent votre amulette personnelle que vous emmenez à votre insu partout où vous allez.

Vous n'envisageriez pas d'avancer dans la vie sans elles parce que, bon, elles sont tellement … familières.

Quand j'ai commencé à écrire des articles pour des magazines, j'avais un tel complexe d'infériorité qu'il n'aurait pu être contenu dans le Shea Stadium. Étant donné que j'étais originaire d'une petite ville du Midwest, je ne pouvais pas m'imaginer que j'avais quelque chose à dire à un éditeur branché de New York. Même si je leur envoyais sans cesse des propositions d'articles présentant mes idées, je n'espérais pas vraiment en vendre beaucoup. Après tout, je savais qu'il n'y avait pas suffisamment de contrats à combler. Au mieux, je m'imaginais que je réussirais peut-être à en dénicher quelques-uns.

Inutile de dire que j'ai reçu de nombreuses lettres de refus, tellement en fait que j'aurais probablement pu en couvrir tous les murs de la ville de Cincinnati, si toutefois elle avait eu besoin d'être tapissée. Les éditeurs ne me répondirent pas précisément de laisser tomber, mais ils ne m'encouragèrent pas non plus à continuer à écrire.

C'est à ce moment-là que j'ai lu un livre appelé *Write for your Life* de Lawrence Block. Au début des années 80, quand les rubriques de Block pour *Writer's Digest* avaient atteint leur plus haut niveau de popularité, lui et son épouse, Lynn, décidèrent d'élaborer une série de séminaires pour les aspirants écrivains.

Contrairement à la majorité des séminaires qui vous enseignent à écrire des intrigues ou à mettre sur pied des stratégies pour obtenir un agent, le séminaire de Block abordait la seule chose qui importe vraiment pour devenir écrivain : abandonner votre propre façon de faire ainsi que les innombrables pensées négatives qui vous disent quel spécimen de l'humanité inintéressant et désespérant vous êtes.

Durant le séminaire, les participants méditaient, trouvaient un partenaire et confessaient leurs plus grandes craintes. Ils faisaient toutes sortes d'activités qui les aidaient à aller au fond d'eux-mêmes pour trouver la raison pour laquelle ils voulaient écrire, mais ne le faisaient pas.

Les séminaires remportaient un grand succès, mais Block, qui était lui-même un écrivain avant d'être un animateur de séminaires, finit par se lasser de sillonner le pays pour animer ces évènements. Il préféra alors autoéditer le livre que j'ai lu à peu près à la même époque.

J'ai pris le livre très au sérieux. J'ai fait tous les exercices. J'ai inscrit des annotations. J'ai consulté mon enfant intérieur pour chercher de quoi j'avais tellement peur. Je me suis même envoyé des cartes postales pendant trente jours de suite. Sur ces cartes postales, j'ai écrit des affirmations telles que :

Toi, Pam, tu es une grande écrivaine.

Toi, Pam, tu as tout ce qu'il faut pour plaire aux éditeurs de New York.

Toi, Pam, tu es intéressante et les gens veulent écouter ce que tu as à dire.

Je suis sûre que le facteur a pensé que je devais être un peu dérangée pour dépenser 25 cents (ou le montant du timbre-poste à ce moment-là) pour m'envoyer des cartes postales disant à quel point j'étais fascinante et prospère. Mais s'il avait su le changement que cela a apporté dans ma vie, il aurait fait la même chose.

Soudain, j'ai commencé à obtenir des engagements provenant de magazines de première importance — avec, oui, les plus importants éditeurs de New York. D'abord, il y eut *Modern Bride*, qui voulait un article sur les exercices que les couples peuvent faire ensemble, puis le *Ladie's Home Journal,* qui me demanda d'écrire une histoire de voyage à Tampa Bay. Subitement, cette auteure du Kansas, qui doutait d'elle-même, recevait des contrats de grands magazines nationaux, comme ceux que vous voyez dans les salles d'attente des dentistes.

Avais-je soudain commencé à adopter une écriture plus fluide ou à trouver des idées beaucoup plus intéressantes ? Probablement un peu (après tout, c'était une de mes affirmations), mais ce que j'avais surtout changé, c'était la réalité de ce que je pensais et de ce que je disais de moi-même.

J'ai cessé de penser qu'il n'y avait pas assez d'engagements. J'ai abandonné la notion ridicule que je n'étais pas assez douée pour intéresser les magazines nationaux.

Élever la voix en chœur

L'important est de faire en sorte que l'important demeure important.

— Inscription vue sur un tee-shirt à Hawaï

Un jour, au début d'un discours, le réalisateur, Michael Moore, donna le conseil suivant : « Vous, les garçons, vous devriez apprendre que lorsque vous arrêtez de courtiser une fille, c'est elle qui viendra vers vous. »

D'une certaine façon, nos intentions fonctionnent de la même manière. À force de croire que nous avons désespérément besoin d'un miracle ou de quelque chose que nous n'avons pas pour le moment, nous refusons d'admettre la vérité. Nous adoptons la mauvaise attitude.

Chaque fois que nous cherchons une réponse, nous supposons à tort que nous ne la possédons pas déjà. Le fait de désirer l'amour ou le bonheur ou d'autres buts convoités met à mal l'objectif tout entier car cela laisse supposer que le dessein de la vie est encore incertain. Ce n'est pas le cas.

La prière n'est pas une façon de soudoyer Dieu. Seule la compréhension des lois les plus élevées dépasse la loi inférieure du plan physique.

Implorer ou prier ou agir comme si cela n'existait pas sous-entend la présence de dualité et non d'unité. Et l'unité est ce que cherchons tous. Vous devez vivre en faisant comme si votre souhait s'était déjà réalisé. Vous devez avoir l'impression qu'il s'est déjà concrétisé – pour pouvoir vous assurer que tout est en ordre… et que toutes ces ondes sont précises comme un rayon laser.

Je ne sais pas si vous connaissez quelque chose à la technologie laser, mais cela fonctionne un peu comme le Congrès l'a fait le 12 septembre 2001. Vous souvenez-vous comment tous ces vieux sénateurs et représentants irascibles ont complètement oublié qu'ils étaient des Républicains et des Démocrates, des Libéraux et des Conservateurs ? Comment la seule idée qu'ils avaient en tête était *Je suis un Américain, bon sang*, et comment ils ont entonné l'hymne de leur pays en formant un grand chœur unifié ? Eh bien, c'est ainsi que fonctionne un laser.

Contrairement à la lumière ordinaire, qui possède différents types et différentes tailles de longueurs d'onde, les lasers ont une seule et même longueur d'onde, ce qui leur procure une précision extrême.

C'est ainsi que vous désirez formuler vos intentions. Surtout si vous voulez voir se produire quelque chose d'une grande importance. Jésus n'a pas douté une seule seconde qu'il y avait abondance de nourriture.

En fait, les dirigeants pensaient que Jésus était bien trop sûr de lui et c'est une des raisons pour lesquelles il a été crucifié. Comment osait-il penser qu'il pouvait faire marcher les invalides et danser les lépreux ? Mais Jésus ne se contentait pas de penser qu'il pouvait faire ces choses. Il savait. Il savait qui il était véritablement, ce qui faisait de son esprit un véritable laser. Il ne cessait de se demander si un aveugle pouvait voir (après tout, le cadeau de la santé et de la libre expression est un droit divin pour chacun) ou si l'eau pouvait se changer en vin. Il savait qu'il avait le droit de commander aux cieux et à la terre. En fait, c'est la seule grande différence entre Jésus et nous. Nous sommes encore à nous le demander.

Si vous retournez à l'araméen — qui, comme vous le savez certainement, est le langage dans lequel Jésus s'exprimait —, la racine du mot « demander », révèle bien plus qu'un « sans vouloir te déranger ». En araméen, demander désigne une combinaison de « revendications » (comme dans, ce titre de propriété est à vous) et de « demandes ». Demander quelque chose dans une prière consiste tout simplement à mettre la main sur ce qui est à vous. Vous avez le droit, et même la responsabilité, de contrôler votre vie.

Comment pouvons-nous en être sûrs ? demandez-vous. De la même manière que vous savez avec certitude que deux plus deux font quatre. Parce que c'est un principe mathématique simple et immuable. Si vous obtenez cinq en additionnant deux plus deux, ce n'est pas la faute des mathématiques. De la même façon que si vous n'obtenez pas les réponses que vous voulez, ce n'est pas la faute du champ de potentialités. C'est vous qui faussez le principe.

Quand elles sont concentrées dans une personnalité complète et intégrée, les intentions sont comme un laser — un rayon unique et clair.

Une preuve anecdotique

Un bateau est en sécurité dans un port,
mais ce n'est pas dans ce but que les bateaux sont fabriqués.

— Benazir Bhutto, ancienne Première Ministre du Pakistan

Quand il eut trente-quatre ans, Augusten Burroughs décida d'arrêter de boire et devint un auteur à succès figurant sur la liste des best-sellers du *New York Times*. Comme il l'a dit dans ses mémoires *Magical Thinking* : « Le fossé entre un rédacteur publicitaire dynamique et alcoolique vivant dans la misère et la sensation littéraire avec un recueil de critiques élogieuses semblait immense. Un canyon virtuel. Et pourtant, un jour, j'ai décidé que c'était exactement ce que j'allais faire. »

Quatorze jours plus tard, il finissait son premier manuscrit, un roman intitulé *Sellevision.*

« Je ne m'attendais pas à ce qu'il connaisse un tel succès. C'était un livre que l'on ne pouvait s'empêcher de dévorer jusqu'à la dernière page comme on finit le paquet de croustilles. Mon seul souhait était qu'il soit publié », dit-il.

Et il écrivit alors un livre sur ses souvenirs d'enfance.

« Et il devra figurer, décidai-je, sur la liste des livres à succès du *New York Times*, très haut sur la liste. Il sera traduit en douze langues et sélectionné pour en faire un film », écrit-il.

Son agent lui suggéra de mettre un frein à ses ambitions.

« Je comprenais son point de vue, explique Augusten. Je comprenais aussi que le livre ferait un malheur, pas parce qu'il était exceptionnellement bien écrit… mais parce qu'il devait être un succès de librairie pour que je puisse quitter mon infâme travail dans la publicité et écrire à plein temps. »

Les mémoires d'Augusten, *Courir avec des ciseaux*, sont restées sur la liste du *New York Times* pendant soixante-dix semaines consécutives. Au bilan final, il a été publié dans quinze pays et a fait l'objet d'un film dans lequel joue l'incomparable Annette Bening.

« De la chance ? Les désirs avides d'un homme désespéré comblés de façon aléatoire ? dit Augusten. Non. Il n'y a pas d'accidents. »

Prier ? Qui, moi ?

C'est plus grand que nous deux réunis, Ollie.

— Stan Laurel, acteur comique d'origine anglaise

Les gens me disent souvent : « Je ne prie pas. C'est une perte de temps, comme croire au Père Noël ou à la Fée des dents. » Ma réponse ? Il est impossible de cesser de prier. Cela ne se peut pas. Thomas Merton, le mystique chrétien, disait que « nous prions en respirant ».

Prenez Al Unser, par exemple. Il n'appelait pas ça prier, mais quand il remporta les 500 miles d'Indianapolis pour la quatrième fois, cinq jours avant son quarante-huitième anniversaire, il fit la démonstration de la véritable puissance de la prière.

Cette année-là — 1987, pour être précise — il avait été évincé sans cérémonie de son équipe de course, même s'il avait déjà remporté les 500 Indy à trois reprises. Pour la première fois en 22 ans, il allait certainement être obligé de regarder la course depuis les tribunes. Ses commanditaires et presque tous les autres le considéraient comme « plus capable de participer à des compétitions ».

Mais dans son esprit, à chacune de ses pensées, Unser savait qu'il n'était pas trop vieux pour courir. Il savait qu'il pouvait encore gagner. Cette « prière » fut si intense que, lorsque Danny Ongais, un des pilotes qui l'avaient remplacé dans l'équipe, eut un accident pendant les qualifications, Unser fut rappelé pour prendre part à la course dans une voiture de remplacement, un vieille March-Cosworth.

À part lui-même, personne ne s'attendait à ce qu'il fasse des prouesses. Non seulement il conduisait un ancien modèle de voiture, mais quand l'annonce familière «Messieurs, démarrez vos moteurs ! » résonna dans les haut-parleurs, Unser était coincé à la vingtième position.

Mais cela n'effraya pas le triple vainqueur. Dans chaque fibre de son être, il se voyait gagner. Il n'attendait rien d'autre que la victoire. Finalement, au cent-quatre-vingt-troisième tour, il dépassa les voitures les unes après les autres et franchit la ligne d'arrivée pour remporter son quatrième titre de champion des 500 miles d'Indianapolis. Al Unser n'avait jamais douté. La moindre de ses pensées « priait » pour la victoire.

Vous pouvez également penser à la mère qui n'avait jamais porté quelque chose de plus lourd qu'un sac d'épicerie plein de produits surgelés et qui souleva soudain une Plymouth de deux tonnes pour libérer son fils de six ans qui était prisonnier dessous. À ce moment, elle était tellement concentrée sur le fait qu'elle devait libérer son précieux enfant qu'elle ne pensa à rien d'autre. *Je dois bouger cette voiture* était la seule « prière » qui occupait son esprit. Nulle part dans son esprit, elle ne se souvenait que c'était impossible.

La méthode

Nous sommes fortement emprisonnés par les termes avec lesquels on nous a appris à penser.

— Buckminster Fuller, inventeur et futuriste américain

Durant cette expérience, avec uniquement la force de vos pensées, vous allez magnétiser quelque chose faisant partie de votre vie. Vous émettrez le souhait d'attirer un évènement ou un objet particulier dans votre vie. N'hésitez pas à donner le plus de détails possible, comme par exemple la marque et le modèle.

Puisque vous n'avez que quarante-huit heures, il est probablement préférable de choisir quelque chose qui ne vous fera pas repenser à « Biloxi ».

Par exemple, si vous décidez de matérialiser une BMW Z3 2.8 Roadster, il est tout à fait possible que vos pensées prédominantes soient *Ouais, super, regarde-moi ça*. Inutile de vous dire qu'avec de telles pensées, vous ne vous rendrez pas jusqu'à la Nouvelle-Orléans. Non que vous ne puissiez pas attirer une BMW Z3 Roadster (il y a des gurus en Inde qui font apparaître des bijoux comme par magie), mais, pour mieux maîtriser le paradigme du changement, il vaut mieux commencer par des choses plus simples. Choisissez quelque chose que vous pouvez maintenir facilement en imagination, comme une place de théâtre dans la première rangée. Ou des fleurs pour votre partenaire.

Mon ami Chuck a tenté cette expérience et a décidé de jouer au plus malin. Il a souhaité se retrouver dans un lit avec deux filles en même temps. Bien sûr, dans l'intervalle de quarante-huit heures, il a rencontré une nouvelle femme (avec qui il sort depuis ce jour) et s'est retrouvé dans un lit avec elle et sa petite fille de six ans, qui était grimpée dans le lit pour faire un câlin à sa mère.

Voilà pourquoi il est important d'être très précis. Et de réaliser que le CP a un sens de l'humour très développé.

Rapport d'expérience

Le principe : Le principe Abracadabra.

La théorie : Ce sur quoi vous concentrez vos pensées se développe.

La question : Puis-je faire apparaître des choses simplement en y pensant ?

L'hypothèse : En exprimant le souhait qui suit et en me concentrant sur sa réalisation, je peux l'attirer dans ma vie.

Mon souhait : ______________________________

Temps nécessaire : 48 heures.

La marche à suivre : J'ai bien examiné le grand catalogue que l'on appelle le monde et, pour le bien de cette expérience, voici ce que je souhaite voir se manifester dans les prochaines quarante-huit heures. Je me concentrerai sur cette idée de tout mon être. Et je me souviendrai de ce qu'Abraham-Hicks aimait dire : « Il est aussi facile de faire apparaître un château qu'un bouton. »

Date du jour : ____________________ **Heure** :____________________

Date limite pour la réalisation du souhait : ______________________

Notes de recherche : ____

____

Bon nombre de personnes croient qu'elles pensent alors qu'elles ne font que remanier leurs préjugés.

— William James, psychologue et philosophe américain

Expérience #5

Le principe Cher Abby :

Votre connexion au champ de potentialités procure une guidance précise et illimitée

J'ai souvent souhaité que lorsque… nous hésitons devant une décision à prendre ou un dilemme que les nuages ne pouvaient dissiper, une voix cosmique, ressemblant à celle de Charlton Heston, nous inviterait à nous rendre au deuxième étage, où le bibliothécaire de la Vie s'assoirait avec nous pendant plusieurs heures et répondrait patiemment à toutes nos questions et nous prodiguerait des conseils sur la voie à suivre.

— Henriette Anne Klauser, auteure de *Write It Down, Make It Happen*

L'hypothèse

La guidance intérieure est disponible en tout temps. Il n'y a pas un seul moment — ni dans le passé, ni dans le futur — où vous ne pourrez pas obtenir une aide intérieure. Pour tout.

Si vous comptez sur un autre outil pour prendre une décision, vous allez au devant des ennuis. « L'Esprit Singe » — un terme bouddhique pour décrire les tergiversations et les commentaires de toutes sortes qui encombrent notre esprit — n'a jamais été conçu pour régler les problèmes. Cela consisterait à vouloir couper la pelouse avec un coupe-ongle. D'accord, c'est de là que la plupart d'entre nous tirons notre guidance — de l'hémisphère gauche qui est enclin aux faux jugements, aux interprétations erronées et aux fabulations majeures.

L'esprit conscient a été conçu pour simplement deux choses : identifier les problèmes et déterminer des objectifs.

Quiconque contrôlant adéquatement l'esprit l'utiliserait pour définir un problème ou émettre un souhait, puis s'empresserait de passer à autre chose. Point final. C'est la seule chose que sait bien faire le cortex cérébral. Planter des graines. Mais à la place, l'esprit conscient décide de s'impliquer, de peser le pour et le contre, de déterminer les « décisions rationnelles », au diable les intuitions.

À peine l'esprit conscient a-t-il défini le problème ou émis le souhait qu'il commence la valse des hésitations concernant l'ampleur du problème et la raison pour laquelle il ne sera pas résolu bientôt et combien le souhait semble cool, mais... *Bon sang, je suis allé là, j'ai fait cela, et cela n'a pas marché comme prévu la dernière fois.* Je me contenterai de dire que ce manipulateur caché dans notre cerveau n'est pas notre meilleure ressource. Il juge, déforme la réalité et entraîne une détresse émotionnelle inutile.

Supposons que Jane se serve de son esprit conscient pour créer l'intention d'améliorer les relations qu'elle entretient avec son époux. Parfait ! Beau travail ! Mais au lieu de se retirer et de laisser l'intention éclore, au lieu de mettre en attente temporairement l'esprit conscient et de se tourner vers une source qui peut réellement apporter de l'aide, l'esprit conscient de Jane se met à tirer des conclusions « rationnelles » et à examiner les différentes options. Avant longtemps, il crie : « Empêche-moi de m'emballer. »

Et à partir de ce moment-là, la cacophonie des voix commence à résonner de façon discordante comme un groupe de rock débutant répétant dans le garage de leurs parents :

« Ma relation avec mon mari est une mascarade. »

« Mon mari est en manque d'affection et paresseux. »

« Je n'aurai jamais ce que je veux. »

Autrement dit, l'esprit conscient se met à interpréter. Cependant, il y a un problème. Il ne peut voir plus loin que le bout de son nez ou que les décisions préétablies qu'il a prises avant d'être suffisamment âgé pour mieux comprendre. Les résultats peuvent être compliqués, capricieux et cruels.

Une meilleure solution consiste à se servir de ces coupe-ongles en respectant l'utilisation pour laquelle ils ont été conçus, à les ranger dans l'armoire à pharmacie et à se procurer un outil qui est mieux équipé pour tondre la pelouse — la guidance intérieure.

Dès que vous saurez bien l'utiliser, vous trouverez qu'elle est extrêmement fiable. De plus, ses réponses sont beaucoup plus pacifiques, instinctives et réactives à tous les facteurs imprévisibles que l'esprit conscient peut à peine comprendre.

La guidance intérieure se manifeste sous des formes très différentes

Je ne connais absolument pas l'origine de ma voix intérieure. Je ne crois pas que ce soit la voix de Jésus-Christ ou celle d'un ancêtre décédé avec une voix chevrotante à l'accent irlandais ou celle d'un Pléiadien hautement évolué qui m'envoie de nombreuses données psychiques à partir d'un vaisseau spatial — bien que cette dernière notion soit particulièrement amusante.

— D. Patrick Miller, fondateur de Fearless Books

Parfois, la guidance intérieure apparaît spontanément. Comme la nuit où j'étais très inquiète parce que ma fille qui venait de naître avait beaucoup de fièvre. Je marchais de long en large avec Tasman dans les bras, morte d'inquiétude et ne sachant pas quoi faire pour contrôler la fièvre.

Il était environ trois heures du matin et même si mes amies me disaient toujours « tu peux m'appeler à toute heure du jour ou de la nuit », et elles le pensaient peut-être réellement, je ne pouvais me résigner à le faire. Au lieu de cela, je marchai sans cesse de long en large dans notre petit appartement. Soudain, une voix d'une clarté surprenante s'éleva dans mon esprit. Elle disait : « *Je ne t'ai pas fait ce cadeau précieux pour le reprendre.* » Je sus, à ce moment, que tout allait se passer pour le mieux.

Parfois, la guidance intérieure offre des messages aussi distincts que ceux de ces balles magiques qui répondent à vos questions pour savoir ce que l'avenir vous réserve. Mon amie Darlene a eu ce qui semblait être à l'époque une vision plutôt stupide. Elle s'est sentie poussée à postuler pour devenir directrice de la musique de son église en Caroline du Nord. Tout cela semblait bien, si ce n'était un petit détail : elle n'avait aucune formation musicale et savait seulement jouer du saxophone alto — très mal. Bien sûr, elle aimait chanter, mais aimer chanter et diriger un groupe composé de musiciens et de choristes pour créer une harmonie sont deux choses complètement différentes. Son esprit conscient commença ses tergiversations : *Darlene, tu es une sombre idiote. Pourquoi Dieu — ou qui que ce soit d'autre — voudrait-il que tu diriges une équipe musicale ?*

Elle décida donc de tenter le tout pour le tout et de se lancer dans l'arène, après s'être rassurée en se disant qu'elle allait renvoyer la vision d'où elle venait probablement — une benne à ordures.

Elle marchanda avec sa guidance intérieure : Si tu veux vraiment que je dirige une équipe musicale, arrange-toi pour que je croise de façon fortuite le ministre du culte, le président du conseil ou le pianiste avant la fin de la journée. Étant donné que c'était un dimanche et que l'église était déjà fermée jusqu'à la semaine suivante, elle s'imagina que cela ne lui arriverait pas. Après tout, elle travaillait toute la journée et les chances de rencontrer une de ces trois personnes de son voisinage étaient minces.

En rentrant de son travail, elle s'arrêta à l'épicerie. Elle s'approchait de la file devant la caisse lorsqu'elle entendit une voix qui la hélait : « Bonjour, Darlene. Que faites-vous ici ? »

Ce n'était pas une voix éthérée qui montait du plus profond d'elle-même comme la voix rassurante qui m'avait réconfortée à trois heures du matin. C'était la voix de Mary Jenkins, la présidente du conseil, qui attendait devant elle dans la file.

Il ne faut pas oublier que la guidance se manifeste sous des formes très différentes. Pendant de nombreuses années, juste avant d'aller se coucher, Napoleon Hill, auteur du classique *Réfléchissez et devenez riche*, organisait une réunion du conseil imaginaire avec pour participants Ralph Waldo Emerson, Thomas Paine, Thomas Edison, Charles Darwin, Abraham Lincoln, Luther Burbank, Henry Ford, Napoléon et Andrew Carnegie. En tant que président de ce cabinet imaginaire, Hill pouvait poser des questions et obtenir des conseils.

Après quelques mois passés à observer ce rituel, Hill fut étonné de constater que les membres de son cabinet développaient des caractéristiques individuelles. Lincoln, par exemple, commença à arriver en retard puis à marcher de long en large dans la pièce. Burbank et Paine se laissaient souvent entraîner à se renvoyer la balle.

« Ces expériences devinrent si réalistes que je me mis à redouter leurs conséquences et je décidai d'y mettre fin », reconnut Hill dans *Réfléchissez et devenez riche*.

Comme de nombreuses personnes qui reçoivent une guidance intérieure inhabituelle, Hill était peu disposé à parler de ses réunions du conseil nocturnes.

Mais, il dit ceci : « Même si les membres de mon Cabinet étaient purement fictionnels… ils m'ont fait vivre des aventures glorieuses, ont ravivé la sensation de véritable grandeur, ont encouragé les efforts créatifs ainsi que l'expression de pensées honnêtes. »

La guidance intérieure peut se manifester sous les différentes formes que vous êtes prêt à entendre. Certains d'entre nous ont besoin d'une grande claque derrière la tête. D'autres sont plus comme Gary Renard, auteur de *Et l'univers disparaîtra*, qui, avec son esprit extrêmement ouvert, reçut de la guidance de la part de deux maîtres ascensionnés qui firent leur apparition un soir pendant qu'il regardait la télévision.

Michael Beckwith, avant de devenir un puissant ministre du culte Nouvelle Pensée au Centre Spirituel Agape International près de Los Angeles, eut la vision d'un rouleau qui se déroulait en laissant apparaître l'inscription suivante : « Michael Beckwith donnera une conférence à l'Église de Science Religieuse de Tacoma. » Aussi, quand le pasteur de Tacoma l'appela et lui dit : « Michael, nous aimerions que vous veniez donner une conférence à notre église », Michael répondit : « Je sais. »

Nous plaçons notre guidance intérieure sur la liste des numéros de télécommunication exclus

Une des principales fonctions des religions établies est de protéger les gens d'une expérience directe avec Dieu.

— Carl Jung, psychiatre suisse

Malheureusement, la majorité d'entre nous limitons le flux de guidance que nous absorbons. Nous avons décidé que les enseignes au néon, les télégrammes et les lettres scellées provenant de Dieu seraient acceptées alors que tout le reste était légèrement trop effrayant.

Nous serions effrayés et époustouflés si un rouleau se déroulait devant nous ou si un maître ascensionné apparaissait devant le poste de télévision durant la diffusion d'un épisode de *Mad Men*. Nos voies neurales diraient : *« Euh, pas moi, je ne suis pas prête pour cela. »* Si un ange apparaissait au pied de notre lit, nous appellerions probablement la police.

Ce doit être éprouvant pour notre guidance intérieure. Comment vous sentiriez-vous si quelqu'un vous posait une question, puis vous tournait le dos en ignorant tout ce que vous avez à dire ?

Nous ressemblons à ces enfants de cinq ans qui marchent avec les doigts dans les oreilles en chantonnant « la-la-la-la ».

Vous ne voudriez pas vous contenter de répondre à votre téléphone quand il sonne et vous mettre à parler d'une voix forte. Vous diriez « Bonjour », puis vous resteriez silencieux en écoutant la personne à l'autre bout du fil. À ce point, nous accusons la force plus intense de ne pas nous donner une guidance claire et nous faisons partie de ceux qui ont décroché leur téléphone.

Lorsque Neale Donald Walsch s'est assis pour la première fois avec son crayon dans la main et quelques questions malaisées dans le cœur, il fut traumatisé quand une voix qu'il pensa être celle de Dieu lui répondit : « Veux-tu vraiment connaître la réponse ? Ou parles-tu pour ne rien dire ? » Walsch, qui bien qu'hésitant accepta de jouer le jeu, rétorqua : « Eh bien, les deux. Et si vous avez les réponses, j'aimerais beaucoup les entendre. »

Où avons-nous été chercher l'idée audacieuse que la guidance intérieure était réservée à ceux qui ont de la chance ? Elle se rapporte en grande partie à ces mythes que nous croyons au sujet de Dieu. Qu'Il est très mystérieux et à notre écoute seulement le dimanche. La partie qui est laissée pour compte est que notre guidance intérieure est digne de confiance et à notre disposition en tout temps. Elle est présente chaque fois que vous choisissez de l'écouter, comme CNN est toujours en onde quand vous décidez d'allumer votre poste de télévision. Elle est aussi fiable.

Et vous êtes libre d'y faire appel et de lui demander des réponses claires. Dès maintenant.

Une preuve anecdotique

Quel que soit le nombre de preuves que vous possédez,
vous avez tendance, au fil du temps, à bloquer
les expériences qui ne sont pas « normales. »

— Martha Beck, chroniqueuse pour le magazine *O*

Un jour, Michael Beckwith, celui dont j'ai dit plus tôt qu'il avait eu la vision d'un rouleau, regardait un moulin. C'était avant qu'il ne devienne un ministre du culte, quand il n'était pas convaincu que sa décision de répondre à l'appel de Dieu était une bonne chose. Il déclara sans détour : « Dieu, si vous m'écoutez, si c'est vraiment ce que vous attendez de moi, faites en sorte que ce moulin pointe dans ma direction. »

Bien que ce soit un jour de grand vent et que le moulin tournait très vite dans l'autre direction, à peine eut-il prononcé ces paroles que le moulin s'arrêta de tourner sur son axe normal et pointa droit vers lui.

Bien entendu, il avait déjà eu une ou deux expériences étonnantes. Pour payer ses études (à l'époque où il voulait être médecin), Beckwith vendait de la drogue — uniquement à ses amis, bien sûr. Étant donné qu'il était très sociable et ouvert, disons simplement que son affaire devint florissante. Son commerce de marijuana s'étendit d'un océan à l'autre et il fut bientôt convaincu que s'il jouait bien ses cartes, il pourrait se retirer complètement à l'âge de 24 ans.

Mais il savait que quelque chose n'allait pas. Sa guidance intérieure l'encourageait sans cesse et lui envoyait des rêves étranges, lui suggérant fortement de suivre une meilleure voie. Il décida de lui-même d'abandonner son trafic pour suivre cette « meilleure voie ». Il informa tous ses amis qu'il cessait son activité. Lors de sa dernière transaction de drogue (celle qui devait le débarrasser du reste de son stock), il fut pris en flagrant délit et arrêté par les agents fédéraux. N'oubliez pas que non seulement il avait en sa possession 100 livres de marijuana, mais il avait également une grosse somme d'argent, des pistolets et des appareils photos volés.

Pourtant, sa voix intérieure lui disait : « Tout va bien aller. »

Alors qu'il se préparait à subir son procès, ses amis pensaient qu'il était fou.

— Pourquoi ne fais-tu pas les cent pas en cherchant une stratégie qui te sortirait de ces sales draps ? lui demandèrent-ils.

— J'étais coupable, riposta-t-il. Mais Dieu m'avait assuré que tout allait bien se passer.

À ce moment, il eut une autre vision, plus sensationnelle. Il se présenta au tribunal (son avocat était Robert Shapiro, encore au tout début de sa carrière, bien avant qu'il ne défende O.J. Simpson), très calme et sachant que quoi qu'il se passe, il se savait aimé et soutenu par cette présence très réelle. Comme il s'y attendait, il s'en tira à cause d'une technicalité et quand le juge le libéra en disant qu'il ne voulait jamais le revoir, Michael savait qu'il ne le reverrait jamais.

Parfois, le champ de potentialités infinies réussit même à communiquer avec les gens qui se moquent de lui. En 1975, Gerald Jampolsky était à l'époque un psychiatre prospère de Californie, en apparence, mais au fond de lui-même tout s'effondrait. Après vingt ans de vie commune, son mariage s'était désintégré. Il s'était alors mis à boire beaucoup et il avait développé une douleur chronique invalidante dans le dos. Bien sûr, cela ne l'incita pas à faire appel à sa guidance intérieure.

Il disait : « Je suis la dernière personne à être intéressée par un système de pensée qui utilise des mots comme Dieu et amour. »

Mais malgré tout cela, quand il vit pour la première fois *Un cours en miracles*, le livre que j'ai mentionné à plusieurs reprises qui enseigne la transformation personnelle en choisissant l'amour plutôt que la peur, il entendit une voix qui lui disait clairement : « Un médecin se soigne lui-même. C'est ton destin. »

Et bien sûr, c'était le cas. Jampolsky a écrit de nombreux livres. Il donna de nombreuses conférences sur les principes décrits dans *Un cours en miracles*, et il ouvrit même un centre à Sausalito en Californie pour accueillir les gens atteints de maladies graves.

Une guidance directe et immédiate est disponible en tout temps. Mais plutôt que d'y prêter attention, nous nous inculquons l'habitude la moins naturelle, celle de ne pas écouter.

C'est comme l'étudiant qui participe à un programme d'échange et qui a grandi sans être entouré de technologie. Il ne sait absolument pas que le téléphone installé près de son lit pourrait le mettre en relation avec la fille très mignonne qu'il voit dans son cours de biologie. Il croit qu'il doit attendre jusqu'au lendemain pour pouvoir lui parler. C'est comme ce chauffage d'appoint ignoré dont j'ai parlé dans la préface.

Une autre preuve anecdotique

Si seulement Dieu pouvait me faire un signe!
Comme faire un gros dépôt à mon nom dans une banque suisse.

— Woody Allen, réalisateur américain

Quand elle avait vingt-cinq ans, l'actrice Jamie Lee Curtis se reposait dans l'appartement de Los Angeles qu'elle venait d'acheter avec son amie Debra Hill. Debra, qui avait produit *Halloween*, le film de peur qui avait lancé la carrière de Jamie, avait apporté le dernier numéro du magazine *Rolling Stone* comme cadeau de bienvenue. Elles feuilletaient le magazine et discutaient avec optimisme de la dernière relation de Jamie Lee qui venait de prendre fin quand elles virent la photographie de trois hommes.

Jamie Lee désigna celui de droite, qui portait une chemise écossaise et avait un sourire facétieux, et déclara à Debra: «Je vais me marier avec cet homme.»

Elle ne l'avait jamais vu auparavant et ne savait absolument pas qui c'était, mais quelque chose au fond d'elle-même lui disait que «c'était lui.»

«C'est Christopher Guest, rétorqua Debra. Il joue dans un nouveau film humoristique intitulé *Spinal Tap*. Je connais son agent.»

Étonnée par la sensation étrange qu'elle ressentait dans son ventre, Jamie Lee appela l'agent le lendemain, lui donna son numéro de téléphone et lui dit de demander à Chris de l'appeler s'il était intéressé.

Il n'appela jamais.

Plusieurs mois plus tard, alors qu'elle était chez Hugo, un restaurant populaire de West Hollywood, Jamie Lee leva la tête et posa les yeux sur le gars du magazine, qui était installé seulement trois tables plus loin. Il fit un signe de la main comme pour dire : « C'est à moi que vous avez téléphoné. » Elle fit un signe de la main en retour.

Hum, pensa-t-elle. *Intéressant*. Cependant, quelques minutes plus tard, il se leva pour partir. Il haussa les épaules, lui adressa un signe de la main et franchit la porte. Jamie Lee baissa les yeux sur son assiette en se reprochant d'avoir cru en quelque chose d'aussi stupide que sa « guidance intérieure ».

Mais le lendemain, son téléphone sonna. C'était Chris Guest et il voulait organiser une rencontre. Quatre jours plus tard, ils se retrouvèrent pour dîner au restaurant Chianti sur l'avenue Melrose. Seulement un mois plus tard, au moment où Guest partit pour New York pour tourner un épisode de *Saturday Night Live*, ils étaient tombés profondément et passionnément amoureux l'un de l'autre.

Peu de temps après, alors qu'ils se parlaient au téléphone, Chris dit à Jamie :

— Je suis allé me promener sur la Cinquième Avenue aujourd'hui.

— Ah, oui ? lança Jamie. Qu'as-tu été faire là-bas ?

— Ah, aimes-tu les diamants ? sussurra-t-il.

Ils se marièrent le 18 décembre 1984, huit mois après que Jamie avait eu cette première guidance.

La méthode

Séparer la Mer Rouge et changer l'eau en sang, le buisson ardent… plus rien de tout cela ne se produit de nos jours. Pas même à New York.

MICHAEL CRICHTON, AUTEUR DU LIVRE *LE PARC JURASSIQUE*

Au cours de cette expérience, vous prouverez que la guidance reçue par Jamie Lee Curtis et d'autres n'est pas une anomalie étrange digne de la série télévisée *La quatrième dimension*, mais un outil bien réel et toujours présent que chacun d'entre nous peut utiliser à tout moment.

Vous passerez quarante-huit heures à attendre une réponse spécifique et concrète à une question spécifique et concrète. Cela peut être aussi simple que d'adopter un nouveau chaton siamois ou aussi compliqué que de décider d'accepter ou de refuser une offre d'emploi. D'une façon comme d'une autre, accordez quarante-huit heures à votre guidance intérieure pour l'expliquer clairement. Mais faites bien attention. J'ai essayé une fois et j'ai été licenciée. Avec le recul, cependant, c'était la réponse parfaite, peut-être la seule que je pouvais attendre étant donné la question que j'avais posée : « Est-ce le temps de lancer ma carrière d'auteure indépendante ? »

Choisissez un problème qui vous perturbe, quelque chose dont la réponse sera un oui ou un non, quelque chose qui vous rend confus et pour lequel vous ne savez pas quoi faire. Je sais que vous pensez déjà à quelque chose, peu importe ce que c'est. Ce problème fonctionnera. Regardez votre montre.

Demandez à recevoir une réponse claire et incontestable, et ce dans les prochaines quarante-huit heures. Elle pourrait également se manifester immédiatement. Cela pourrait prendre un jour, mais dans un délai de quarante-huit heures, attendez-vous à recevoir une réponse aussi voyante qu'une enseigne au néon.

Il vous appartient d'exprimer l'intention et d'imposer la période de temps. Le CP fera le reste.

Stan (vous souvenez-vous du séduisant ancien surfeur rencontré à Esalen dont j'ai parlé dans la préface ?) avait perdu son emploi. Pour rendre les choses encore pires, l'amie qu'il fréquentait depuis trois ans décida qu'il était temps de passer à autre chose. Inutile de préciser qu'il avait plusieurs décisions sérieuses à prendre. Stan décida que la première chose à faire était de trouver une façon de gagner un peu d'argent. Mais il n'avait aucune idée de ce qu'il voulait faire. Je lui ai alors rappelé l'existence d'un plan divin pour sa vie et qu'il se manifesterait s'il en exprimait l'intention en imposant une date limite.

Stan lança alors quelque chose du genre : «Hé toi, s'il est vrai que tu as un plan pour ma vie, indique-moi quelle direction je dois prendre. Je n'ai pas beaucoup de temps, donc vendredi matin, je veux savoir exactement ce que tu as en tête pour moi.»

Le mardi après-midi, Stan était assis dans les sources thermales avec un homme qu'il n'avait jamais rencontré. L'homme mentionna alors qu'il allait ouvrir un centre de développement personnel dans les Laurel Highlands en Pennsylvanie et qu'il cherchait quelqu'un pour le diriger. Stan sentit immédiatement un frisson d'excitation et, comme on pouvait s'y attendre, moins de trente minutes plus tard, il se vit offrir le poste, même si sa seule expérience dans un centre de développement personnel se limitait à nettoyer les cabines.

Une victoire de plus pour le CP !

Rapport d'expérience

Le principe : Le principe Cher Abby.

La théorie : Votre connexion au champ procure une guidance précise et illimitée.

La question : Est-il vraiment possible d'obtenir un guidance immédiate et continue ?

L'hypothèse : Si je demande l'aide de la guidance, j'obtiendrai une réponse claire, par oui ou par non, à la question suivante : ________

____

Temps nécessaire : 48 heures

Date du jour : ________________ **Heure** :________________

Date limite pour recevoir une réponse : ____________________

L'approche : Bon, voilà : « Guidance intérieur, j'ai besoin de connaître la réponse à cette question. Je vous donne 48 heures. Faites vite. »

Notes de recherche : __________________________________

____

L'homme, entouré de faits ne lui permettant ni surprise, ni éclair intuitif, ni grande hypothèse, ni risque, se retrouve dans une cellule fermée. L'ignorance ne peut pas sceller l'esprit plus hermétiquement.

— Albert Einstein, physicien théoricien d'origine allemande

Expérience #6

Le principe du super-héros :

Vos pensées et votre conscience influent sur la matière

L'évolution du monde n'est pas prédéterminée par des lois physiques… l'esprit a le pouvoir d'affecter des groupes d'atomes et même de jouer avec les probabilités du comportement atomique.

— Sir Arthur Stanley Eddington, mathématicien et astrophysicien anglais

L'hypothèse

Le scientifique japonais, Dr Masaru Emoto, consacra quinze années de sa vie à analyser les effets des paroles, pensées et émotions humaines sur la matière physique. Il choisit un des quatre éléments traditionnels de la matière — l'eau — pour voir comment elle répondait aux paroles, à la musique, aux prières et aux bénédictions. Utilisant plus de 10 000 échantillons d'eau, le docteur Emoto et son équipe de chercheurs leur parlèrent, leur jouèrent de la musique et demandèrent à des moines de réciter des prières devant eux. Les échantillons étaient alors congelés et les cristaux de glace étaient examinés au microscope.

Au cas où vous vous demanderiez ce que l'eau vient faire dans tout cela, réfléchissez un peu : l'eau est présente partout — même dans l'air — et puisque le corps humain et en fait la Terre sont formés à 70 % d'eau, il paraît raisonnable de penser que si les mots et les pensées affectent l'eau, ils affectent également des systèmes plus vastes et plus complexes qui sont aussi constitués d'eau.

Le docteur Emoto constata que lorsque les scientifiques traitaient l'eau « gentiment » en lui disant des choses agréables comme « je t'aime » et « merci », les cristaux d'eau congelée devenaient clairs et bien formés. Mais quand ils lui criaient des paroles négatives et méprisantes comme « je te déteste » ou « tu es stupide ! », les cristaux devenaient imparfaits et présentaient des trous sombres. Quand la chanson d'Elvis Presley, *Heartbreak Hotel*, était diffusée, les cristaux congelés se divisaient en deux.

Sur une photo, il montre comment un échantillon recueilli dans l'eau du lac du barrage Fujiwara, qui formait au départ une masse sombre et amorphe, s'est complètement transformé lorsqu'un prêtre récita des prières au-dessus de lui, pendant seulement une heure. Les cristaux imparfaits se transformèrent en cristaux clairs et d'un blanc brillant de forme hexagonale, formant des cristaux dans les cristaux. Ils découvrirent également que la prière pouvait créer de nouvelles sortes de cristaux qui n'avaient jamais été vues auparavant.

En Occident, nous n'avons jamais été bercés dans la notion de l'énergie et du pouvoir de notre corps/esprit. Au lieu de nous enseigner comment nous connecter à notre intelligence innée, on nous dit : « Voici un docteur. Voici une infirmière. Quand quelque chose ne va pas, va les consulter. » Des entraîneurs décident si nous sommes suffisamment bons pour faire partie de l'équipe de basketball. Des professeurs nous disent si notre art est digne d'être encouragé. On nous apprend à ignorer notre pouvoir pour nous tourner vers des puissances extérieures à nous.

Le pouvoir de la perception

Mon esprit est un quartier malfamé où
je m'efforce de ne pas aller seule.

— Anne Lamott, auteure américaine

Quand je suis née, le 17 février 1956, mon père lança un regard vers cette petite chose sans défense qui reposait dans son petit berceau rose et déclara à ma mère que j'étais le bébé le plus laid qu'il avait jamais vu. Inutile de dire que ma mère était dévastée. Et pour moi, pauvre petit être humain âgée d'une minute, il fut décidé que la beauté — ou le manque de beauté — était destinée à imprégner tous les moments de ma vie.

La raison d'une telle déclaration était certainement due à mon nez, qui était planté au milieu de ma figure comme un opossum écrasé. Après que ma mère eut subi les douleurs de l'enfantement pendant dix-huit longues heures, son obstétricien décida d'intervenir avec une paire de forceps en métal froid. Dans la bataille entre les forceps et moi, mon nez se retrouva aplati.

Graduellement, mon nez revint à la normale, mais mon ego fragile demeura défiguré. Je voulais désespérément être jolie. Je voulais prouver à mon père que je pouvais lui convenir et présenter mes excuses à ma mère pour tous les soucis que je lui avais causés.

J'écumais les magazines féminins pour étudier les mannequins comme un biologiste étudie les cellules. Je faisais onduler mes cheveux en les enroulant autour d'une canette de jus d'orange et commandais des masques d'argile verte pour le visage et un tire-comédon à l'aide du bon de commande présenté à l'arrière du magazine *Seventeen*. J'économisais mon argent de poche pour acheter un jeu de bigoudis électriques de la marque Clairol. Je portais des gants la nuit pour empêcher la crème adoucissante pour les mains Vaseline de tacher les draps. Je conservais même des modèles de coiffures « intéressantes » que je prenais dans le catalogue Ward et je les collais à la dernière page de mon « carnet de beauté » personnel.

À part les cinquante coiffures différentes, ce carnet de beauté personnel contenait mes objectifs en matière de beauté : réduire mon tour de taille de douze centimètres, augmenter mon tour de poitrine de quinze centimètres, laisser pousser mes cheveux, et ainsi de suite. J'avais même inclus une page avec des stratégies pour atteindre chacun de mes objectifs. Par exemple, pour réduire mon tour de taille, faire une série de cinquante abdominaux tous les jours, limiter ma consommation à deux crêpes au petit-déjeuner et ne plus manger de barres Milky Way.

Malgré toutes mes bonnes résolutions, j'étais toujours loin d'être belle. Peu importe ce que je faisais, il semblait que je ne réussirais jamais à améliorer mon apparence. Comment pourrais-je faire ? Toute mon existence était centrée sur le moment où mon père s'était écrié que j'étais un bébé très laid. C'était la première condamnation de ma vie, la proclamation qui allait régir toute ma vie. Aller contre elle serait comme déshonorer tout ce que je connaissais — mon père, ma mère et moi-même.

Les choses ne firent qu'empirer. Vers l'âge de douze ans, ma vue s'affaiblit et je fus forcée de porter une paire de lunettes noires à monture d'écaille. À quinze ans, quand je réussis finalement à convaincre mon père d'investir dans des verres de contact, un atout certain pour l'amélioration de mon apparence, mon visage fut instantanément couvert de boutons. Je dépensais tout l'argent que je gagnais en gardant des enfants pour acheter des lotions astringentes Clearasil et des produits de maquillage Angel Face. Un été, ayant entendu dire que le chocolat et les boissons gazéifiées donnaient des boutons, je cessai même de boire du Coca-Cola et de manger des barres chocolatées.

Et comme si cela ne suffisait pas, ma sœur, qui avait eu la chance d'échapper à la fois aux forceps et à la proclamation de mon père, fit remarquer que mes incisives étaient mal alignées. Je repartis alors en croisade pour que ma famille m'aide financièrement à supporter les frais encourus pour un appareil dentaire.

Le plus triste est que tous ces efforts furent inutiles. Je ne savais absolument pas que tant que je ne modifierais pas les pensées au sujet de mon apparence, qui étaient profondément ancrées au fond de moi-même, je resterais « laide. » Je pourrais faire de l'exercice, me maquiller et faire onduler mes cheveux jusqu'à la nuit des temps, mais aussi longtemps que la déclaration de mon père agirait comme un virus sur mes pensées, j'étais destinée à être le « bébé le plus laid » que j'avais jamais vu.

Bien sûr, petit à petit, j'avais amélioré mon apparence. Je pouvais avoir éclairci mon teint ou laissé pousser mes cheveux ou redressé mes dents, mais avant longtemps, quelque chose d'autre allait se produire en rapport avec la bonne vieille « laideur. »

Vous voyez, mon corps n'avait pas d'autre choix que de suivre le plan que mes pensées lui avaient donné.

C'est à peu près à ce moment-là que j'appris l'existence de livres de développement personnel. Ce fut une rencontre inéluctable. Toute étudiante de première année qui croit n'être pas loin de ressembler à Frankenstein a besoin de tout ce qu'elle peut trouver pour revaloriser son estime de soi.

Je commençai par lire *Vos zones erronées* du Dr Wayne Dyer. Je lus le livre de Barbara Walters où elle explique la façon de faire la conversation. J'appris comment me faire des amis et comment influencer les gens, comment devenir plus forte en pensant de façon positive, et comment devenir riche. Après toutes ces lectures, je finis par avoir une autre vision de moi-même. En réalité, je commençais à trouver des choses que j'aimais.

Même des détails concernant mon apparence. Pour commencer, j'étais grande, ce qui signifiait que je pouvais plus ou moins manger ce que je voulais sans grossir. Et mes cheveux épais m'avantageaient. Et la mère de ma meilleure amie disait que mes sourcils avaient une forme parfaite. Au lieu de voir les choses que je n'aimais pas, je me mis à me concentrer sur les choses que j'aimais. Comme par magie, mon apparence s'améliora. Alors que j'abandonnais les pensées qui me limitaient, je commençai à voir ma propre beauté. Moins je critiquais ce pauvre petit ogre dans le miroir et plus je me mis à changer. Moins j'essayais de me changer et plus je changeais.

Miraculeusement, ma vision redevint normale. Je pus enfin mettre de côté les lunettes aux verres épais comme des fonds de bouteilles de Coke ainsi que les verres de contact. Mon teint brouillé s'éclaircit et après avoir porté un appareil dentaire pendant plusieurs mois, mes dents commençaient à être aussi bien alignées que celles des autres membres de ma famille.

En fait, les seules fois où je me sentis vraiment laide étaient lorsque je rendais visite à mon père et à sa deuxième épouse.

Même si je ne m'en rendais pas compte sur le moment, je changeais mon apparence durant ces visites pour m'adapter à ce que mon père pensait de moi — ou plutôt à ce que je croyais qu'il pensait de moi. Je sais maintenant que la remarque de mon père n'était rien d'autre qu'une remarque spontanée. Il ne voulait pas me nuire.

Mais parce que je ne l'avais pas compris à cette époque, j'avais pris sa remarque à cœur et je m'y conformais en tous points.

Même ma mauvaise vue, que certains pourraient qualifier d'héréditaire, avait été créée par moi. Personne d'autre dans ma famille (nous étions cinq) n'a jamais porté de lunettes. Tous ont une vision parfaite. Tout comme personne d'autre dans ma famille n'a jamais porté d'appareil dentaire. Ils ont tous des dents bien alignées et un sourire parfait.

Une preuve anecdotique

Dorénavant, je ne me plaindrai plus, je ne remettrai plus à plus tard et je n'aurai besoin de rien. À partir de ce moment, je décide de ne plus avoir de limites et de lignes imaginaires.

WALT WHITMAN, POÈTE AMÉRICAIN

La maladie n'est pas une fatalité (elle est facultative). Je devrais sans doute me faire examiner le cerveau pour inclure cette section dans le livre. Vous remarquerez cependant que je l'ai cachée au milieu d'un long chapitre, près de la fin.

Ce n'est pas que vous n'avez pas entendu de telles idées auparavant – que le cancer d'untel et untel a été causé par une colère non résolue ou que le stress peut faire blanchir les cheveux en une seule nuit. Mais ce que je suis sur le point de dire est que nous avons été menés en bateau par un système médical qui ne cesse de s'alourdir et de réclamer de plus en plus de fonds, et qui nous a convaincus que la maladie est inévitable. Je ne veux pas dénigrer les docteurs, les infirmières ou les autres membres du personnel médical car 99,99 pour cent d'entre eux sont attentionnés, dévoués et pleins de bonnes intentions. Non, ils sont aussi leurrés que nous le sommes.

Je veux simplement suggérer que la conscience erronée que nous avons tous a entraîné d'importants « problèmes informatiques ». Au lieu de considérer la maladie comme un problème, quelque chose qui doit être corrigé, nous l'acceptons comme une fatalité de la vie. Nous avons tous donné notre accord à cet ensemble arbitraire de règles qui disent que l'on ne peut échapper à la maladie et qu'elle est naturelle. Un grand nombre d'entre nous ne peuvent même pas imaginer une santé parfaite.

Il y a bien longtemps, nos esprits ont établi cette manière erronée de percevoir. Lorsqu'un esprit pense qu'il ne peut pas exécuter une certaine tâche (comme débloquer une artère), il informe le cerveau qu'il ne peut pas le faire, qui à son tour informe les muscles. Le « virus » dans notre conscience a limité notre aptitude à utiliser la grande sagesse de nos corps.

Mais notre croyance dans le côté inévitable de la dégénérescence de notre corps ne semble réelle que parce que nous le croyons depuis très longtemps. Le docteur Alexis Carrel, un physicien français ayant remporté le Prix Nobel, a démontré que les cellules peuvent être gardées en vie pendant un temps indéfini. Ses recherches prouvent « qu'il n'y a aucune raison pour que les cellules subissent une dégénérescence. Jamais ».

« L'éducation que nous avons tous reçue est que nous n'avons aucun pouvoir et que nous ne savons rien », explique Meir Schneider, un homme qui s'est guéri lui-même de la cécité, « mais ce n'est pas vrai. Au fond de chacun de nous réside quelque chose qu'il nous faut connaître. »

Quand il était né à Lviv en Ukraine en 1954, Schneider louchait et souffrait d'un glaucome, d'astigmatisme, de nystagmus et de plusieurs autres maladies graves aux noms difficiles à prononcer qui affectaient ses yeux. Les cataractes de ses yeux étaient si prononcées qu'il dut subir cinq interventions chirurgicales majeures avant d'avoir atteint l'âge de sept ans. Au cours de la dernière chirurgie, la lentille de son globe oculaire fut brisée et lorsqu'il fut en deuxième année d'école, il fut déclaré légalement aveugle. Bravo à la médecine moderne.

À l'âge de dix-sept ans, Schneider rencontra un jeune garçon nommé Isaac qui lui tint un langage différent de celui des médecins et des chirurgiens. Isaac, qui avait un an de moins que lui, osa lui dire : « Si tu veux, tu peux t'entraîner à voir. »

Personne n'avait fait preuve de ce genre de foi auparavant. Tout ce que Schneider avait entendu avant cela était « pauvre, pauvre petit aveugle ».

La famille de Meir Schneider, comme toute bonne famille sympathique, l'encouragea à ne pas trop espérer de cette pratique. « Essaie ces exercices, lui dirent-ils, mais n'oublie pas que tu es aveugle. » En l'espace d'une année, comme l'avait prédit Isaac, Meir commença à voir — pas grand-chose au début, mais assez pour croire que ce jeune garçon de seize ans en connaissait peut-être plus que les docteurs qui l'avaient déclaré aveugle et inopérable.

Schneider finit par voir suffisamment pour pouvoir lire, marcher, courir et même conduire. Aujourd'hui, il est fier de posséder un permis de conduire de la Californie, et il gère un centre de développement personnel.

« Les aveugles, déclare-t-il, deviennent plus aveugles car ils n'espèrent pas voir. Ils sont catalogués dans une certaine catégorie. »

De plus, il ne comprend pas comment un concept aussi plein d'optimisme peut sembler si bizarre à la plupart des gens.

Quand Barbra Streisand était une jeune fille qui grandissait à Brooklyn, elle tomba amoureuse du cinéma. Elle voulait plus que tout devenir une séduisante vedette du cinéma. Malheureusement, sa mère qui était veuve était très pauvre et Barbra n'était pas vraiment aussi jolie que Grace Kelly. N'importe quel conseiller d'orientation qui se respecte l'aurait encouragée à suivre une autre voie. « Après tout, ma chère, vous avez un nez peu commun et… bon, comment puis-je le dire poliment ? Si vous deveniez actrice, ce serait comme Kareem Abdul-Jabbar qui voudrait devenir jockey. »

Mais Barbra était tellement déterminée qu'elle a, je crois, manipulé les circonstances de la seule façon qu'elle connaissait — en faisant entendre sa voix si puissante que cela la mena jusqu'au faîte de la gloire à Broadway et pour finir, au cinéma.

Vous pouvez rouler les yeux et dire que je me fais des illusions, mais voici les faits : aucun autre membre de la famille de Barbra ne sait chanter. Personne d'autre n'a de talent pour la musique.

Ce n'est pas la matière qui vous contrôle — C'est vous qui contrôlez la matière

Nous préférerions être ruinés plutôt que de changer.
Nous préférerions mourir de peur plutôt que d'affronter
le moment présent et de laisser mourir nos illusions.

W.H. Auden, poète anglo-américain

À vingt-deux ans, Terry McBride se déchira un disque dans le dos en travaillant sur un chantier de construction. Après un an de traitements chez un chiropracteur ainsi que des séances d'ostéopathie et de détente musculaire, il décida de suivre les recommandations d'un chirurgien orthopédique qui pensait que sa colonne vertébrale devrait être consolidée.

« On me dit que je resterai à l'hôpital pendant deux semaines, ensuite chez moi pendant deux autres semaines, puis que je devrai porter un appareil orthopédique pendant six mois et qu'ensuite je serai comme neuf », expliqua McBride à une de ses conférences à laquelle j'ai assisté.

Deux jours après l'opération chirurgicale, il ressentit une forte fièvre. On le ramena de toute urgence à l'hôpital où les docteurs découvrirent qu'il avait contracté la bactérie E. coli pendant l'opération. Au cours de l'année qui suivit, il dut subir huit opérations chirurgicales pour essayer d'empêcher l'infection de se propager. Lors de la cinquième opération, il fut transporté au centre hospitalier de l'université de Washington où, comme il le fait remarquer : « J'étais une célébrité. J'avais le cas le plus grave d'ostéomyélite qu'ils avaient jamais vu. »

La nuit qui précéda une autre opération, son équipe de docteurs entrèrent dans sa chambre avec un visage grave. Ils avaient fini par obtenir des radios très précises qui montraient que l'infection n'était plus simplement logée dans sa colonne vertébrale. Elle s'était propagée à son pelvis et à son abdomen et dans ses deux jambes. Pour l'éradiquer, lui dirent-ils, ils allaient devoir l'ouvrir d'une extrémité à l'autre. Ils garantirent qu'en procédant de cette façon, ils allaient être en mesure de contrôler l'infection. Mais ils pouvaient aussi lui garantir qu'il allait perdre l'usage de sa jambe droite.

« Voyez-vous, j'avais pris des leçons d'un des grands métaphysiciens — John Wayne — et dans les films, lorsque quelqu'un disait au Duke qu'il fallait lui couper la jambe, il répondait "C'est bon, allez-y," », fit remarquer McBride. Mais les docteurs ajoutèrent que si l'infection était aussi mauvaise qu'ils le pensaient, il se pourrait qu'il perde également son pied gauche ainsi que le contrôle de ses intestins et de sa vessie et il y avait de bonne chance pour qu'il finisse impuissant sur le plan sexuel.

« Pour être tout à fait honnête, déclara McBride, c'est là qu'ils se sont trompés.

» Bon, je ne sais pas pour vous, mais en ce qui me concerne, lorsque je suis venu sur cette planète, j'étais un petit garçon heureux assez satisfait de moi-même. Mais il ne me fallut pas longtemps pour comprendre que les personnes qui détenaient l'autorité en connaissaient plus à mon sujet que moi-même. J'ai appris que je devais faire attention et que c'étaient les professeurs qui allaient me dire si j'avais un bon niveau scolaire. Les entraîneurs allaient décider si j'avais quelques compétences dans le domaine sportif. J'appris très tôt à chercher à l'extérieur de moi-même pour trouver qui j'étais.

» Alors, je leur aurais probablement donné une jambe, ajouta McBride, mais quand ces docteurs insistèrent pour dire qu'il n'y avait aucune façon d'éviter cette série d'opérations, j'ai décidé sur-le-champ que personne n'allait me dire qui j'étais.

» J'ai décidé cette nuit-même que plus jamais une personne portant un insigne avec son nom ne déciderait de mon avenir. »

Ce fut la nuit qui changea sa vie. McBride, qui se mit à étudier les principes spirituels, annonça à toutes les personnes présentes dans la chambre (l'équipe de cinq docteurs, son épouse et sa fille de deux ans) qu'il existait une puissance dans l'univers et qu'il allait s'en servir pour se libérer de la maladie et redevenir un homme à part entière.

Quand il avait commencé à déclarer de telles choses, tout le monde avait fait remarquer : « Allez-y ! Accrochez-vous à vos rêves ! » Mais après dix interventions chirurgicales, les gens se mirent à le presser de « faire face à la réalité » et de cesser de se concentrer sur ses petites priorités personnelles centrées sur l'ego.

« Nous parlons des petites priorités personnelles centrées sur l'ego telles qu'avoir un corps en bonne santé, un dos suffisamment fort pour pouvoir prendre ma fille dans les bras, des petites priorités personnelles centrées sur l'ego telles que pouvoir aller aux toilettes sans traîner une poche en plastique, dit-il. Certaines personnes ont émis l'idée qu'une santé parfaite ne faisait peut-être pas partie du plan de Dieu.

» Même en tant que fondamentaliste religieux, je ne pouvais pas accepter l'idée que je méritais de subir dix-huit opérations chirurgicales. J'avais peut-être commis suffisamment de péchés pour en mériter quatre ou cinq, mais pas dix-huit », expliqua McBride.

On l'envoya parler au psychiatre de l'hôpital qui lui dit : « Mon cher, il est temps de retirer vos lunettes roses. Aujourd'hui, vous pensez que pour être un homme, vous devez pouvoir vous tenir sur vos deux jambes, pouvoir aller vous battre à la guerre comme l'a fait votre père, mais il est temps de venir travailler avec moi pour apprendre à accepter que vous allez passer le reste de votre vie dans un fauteuil roulant. »

Il lui montra son dossier médical qui affichait clairement : « Les problèmes de Terry McBride ne peuvent pas être traités. Il aura un handicap permanent et devra subir des interventions chirurgicales pendant le reste de sa vie. »

— Mais je ne suis pas mon dossier médical, insista McBride. Je ne suis pas mon passé. Il y a une puissance en moi. Je vis dans un univers spirituel et la loi spirituelle peut me libérer.

— Ne pensez-vous pas que votre corps serait guéri à présent s'il devait être guéri ? demanda le psychiatre.

Mais McBride refusa d'abandonner. Il subit trente opérations chirurgicales de grande envergure au cours des onze années qui suivirent, et porta une poche de colostomie. Pendant tout ce temps, il continua à affirmer que la santé et l'intégrité faisaient partie de son futur spirituel.

Finalement, bien longtemps après que la plupart d'entre nous auraient abandonné, il sortit de l'hôpital comme un jeune homme bien charpenté, libéré et en bonne santé. Aujourd'hui, il parcourt le pays pour donner des conférences sur son chemin de vie et pour apprendre aux gens la vérité sur leur magnificence divine.

Comme il le dit : « Nous sommes déjà libres. Le pouvoir infini de Dieu confirmera que c'est nous qui croyons en la maladie et que nous l'avons voulu si c'est ce que nous avons choisi. Mais nous pouvons également changer et choisir de croire en la santé, l'amour, la joie et la paix. Il est temps de proclamer notre unité avec Dieu et d'aborder bravement nos vies. Vous êtes Dieu et ceci est la vérité qui vous libérera. »

La méthode

L'ego n'a pas de limites, sauf celles auxquelles vous croyez.

— Seth, entité désincarnée s'exprimant à travers Jane Roberts

Puisque nous ne disposons pas des microscopes et des assistants de recherche de Masaru Emoto, nous allons affecter la matière en reproduisant une expérience que vous avez peut-être tentée lorsque vous étiez à l'école primaire — c'est-à-dire en faisant germer des graines de haricots verts. Le docteur Larry Dossey, dans plus de six livres sur la prière, a exposé en détails des études médicales fastidieuses qui ont prouvé que l'intention sur un résultat physique particulier affecte tout, des graines de seigle aux femmes atteintes d'un cancer du sein. Une fois de plus, puisque nous sommes des débutants, nous allons commencer avec des haricots verts.

Matériel :

- Emballage en carton pour les œufs,
- De la terre à rempoter,
- Des graines de haricots verts.

Instructions : Planter deux graines de haricots dans chacun des 12 cavités du carton à œufs et placez-le près d'une fenêtre. Arrosez le semis tous les deux jours. Exprimer l'intention consciente suivante : *Grâce à mon énergie naturelle, je veux que les haricots qui sont sur le côté gauche du carton poussent plus vite que ceux qui sont sur le côté droit.*

Écrivez vos observations pendant les sept prochains jours. Voilà* — à la fin de la semaine, vous devriez pouvoir constater que votre intention s'est réalisée.

Pendant ce temps, vous pouvez expérimenter quelque chose que les scientifiques appellent la *kinésiologie appliquée*. Cela peut sembler compliqué, mais en réalité, il s'agit tout simplement d'une méthode élémentaire pour tester la façon dont notre corps réagit à des affirmations négatives et positives, exprimées à haute voix. Le docteur John Goodheart inventa la kinésiologie appliquée dans les années

*N.d.t. : En français dans le texte.

1960 quand il découvrit que les muscles devenaient instantanément faibles quand le corps était exposé à des substances dangereuses et forts lorsqu'ils étaient en présence de quelque chose de thérapeutique. Au cours de la décennie suivante, le docteur John Diamond découvrit que les muscles répondaient également à des stimuli émotionnels et intellectuels.

Mettez en contact le pouce et le majeur de chaque main pour former deux anneaux. Maintenant, reliez-les ensemble. Tirez les doigts reliés de la main droite bien serrés contre ceux de la main gauche en exerçant juste ce qu'il faut de pression pour qu'ils tiennent. Soyez attentif à ce que vous ressentez.

À présent, dites votre nom à haute voix : « Je m'appelle...... », tout en conservant le même niveau de pression. Puisque j'assume que vous ne racontez pas de mensonge, cette déclaration vous démontrera certainement que votre main reste forte et ferme.

Maintenant, dites : « Je m'appelle Julia Roberts. » Même si vous maintenez le même niveau de pression que précédemment, les doigts devraient se séparer.

Essayez d'énoncer plusieurs vérités et plusieurs mensonges jusqu'à ce que vous obteniez un bon résultat. Si le cercle persiste, cela indique que la réponse est positive alors que si les doigts de la main droite peuvent briser la connexion de votre main gauche, cela signifie que la réponse est négative.

Non seulement c'est un bon outil pour obtenir des recommandations de votre corps, mais c'est aussi très utile pour tester la façon dont votre corps répond aux différentes affirmations qui suivent :

- Je ne suis qu'un pauvre type.
- Je suis aimant, passionné, paisible et heureux.
- Je déteste mon corps.
- Je suis fort et puissant.

Rapport d'expérience

Le principe : Le principe du super-héros.

La théorie : Vos pensées et votre conscience ont un effet sur la matière.

La question : Est-il possible d'exercer une influence sur le monde physique en me concentrant ?

L'hypothèse : Si je concentre mon attention sur une rangée de graines de haricots verts, je peux les faire germer plus vite.

Temps nécessaire : Sept jours.

Date du jour : ____________________ **Heure** :____________________

L'approche : Je vais concentrer mon attention sur une rangée de graines de haricots verts. Je leur enverrai des ondes positives et je m'attendrai à ce qu'elles soient influencées par mon énergie.

Notes de recherche : ____

____

Les gens doivent réaliser que leurs pensées sont plus primaires que leurs gènes parce que l'environnement, qui est influencé par nos pensées, contrôle les gènes.

— Bruce Lipton, Ph.D., biologiste cellulaire américain

Expérience #7

Le principe Jenny Craig :

Vos pensées et votre conscience servent de structure à votre corps physique

Votre corps est simplement l'expression vivante de votre façon de voir le monde.

— Carl Frederick, auteur de *Est Playing the Game : The New Way*

L'hypothèse

L'environnement dans lequel vous vivez répond à vos pensées et à vos émotions. Pour prouver cette théorie d'une manière très visible, vous allez utiliser la balance de votre salle de bains. Oui, c'est l'expérience au cours de laquelle vous offrez votre corps à la science. Mais ne vous inquiétez pas. Ce n'est que pour trois jours. Et le résultat final est quelque chose qu'environ 90 pour cent d'entre nous, du moins selon une étude menée à l'université Cornell, essayons activement de faire de toute façon : perdre du poids. Et pour les deux ou trois personnes qui espérent prendre du poids, vous pouvez vous attendre à voir une amélioration de votre santé et de votre vitalité.

Votre nourriture, comme tout le reste dans le monde, est inspirée par votre énergie et en travaillant avec elle au lieu de vous battre contre elle (comme nous le faisons pour la plupart d'entre nous dans notre obsession de perdre du poids), vous perdrez facilement une livre ou deux sans changer quoi que ce soit.

La théorie précise de cette expérience est que l'énergie apportée par votre nourriture est affectée par ce que vous dites et ce que vous pensez. Les articles posés sur votre assiette au dîner ne sont pas des masses statiques d'aliments, mais plutôt des morceaux d'énergie dynamique qui écoute de manière indiscrète chacune de vos intentions. Et puisque les nutritionnistes ne peuvent pas quantifier précisément vos pensées pour les inclure dans les étiquettes apparaissant sur les aliments, ils devraient probablement le faire s'ils veulent évaluer précisément ce que cette conserve de porc et de haricots ou ce paquet de pâtes signifie pour votre santé. L'énergie de vos pensées sera digérée en même temps que le calcium et la vitamine D.

Si vous ne l'avez pas encore vu, allez louer le documentaire de Tom Shadyac intitulé *I am*. C'est un film étonnant, mais pour les besoins de cette recherche, portez une attention particulière à la scène où Shadyac, un célèbre réalisateur d'Hollywood, visite l'Institut HeartMath, une organisation de recherche sans but lucratif qui étudie le stress et l'énergie humaine. Au début, Rollin McCraty, qui a été pendant longtemps le directeur de recherche de l'institut, accrocha des électrodes à un bol de yogourt.

Même si le yogourt est largement considéré comme une masse inerte, McCraty utilisa les électrodes pour démontrer qu'il répondait aux pensées et aux émotions de Shadyac. L'aiguille du compteur de bioréponse s'affola quand on lui posa une question au sujet d'un mariage précédent. Elle oscilla fortement quand il mentionna le nom de son avocat, avec qui, confirma-t-il, ses démêlés n'étaient pas terminés.

Le yogourt, sans qu'il soit en contact avec Shadyac en aucune manière, pouvait lire ses émotions. Quand il reporta son attention sur le présent, et sur la pièce où il se trouvait, l'aiguille resta immobile.

« Nous ne savons pas vraiment comment cela fonctionne, mais nous avons la preuve irréfutable que les émotions humaines créent un champ énergétique très réel auquel les autres systèmes vivants sont accordés », déclare McCraty.

Alors, pensez un peu. Combien de fois avez-vous dit ou pensé quelque chose comme ce qui suit ?

- C'est très difficile pour moi de perdre du poids.
- Je grossis rien qu'en regardant un morceau de gâteau au chocolat.
- Je possède un métabolisme lent.

Non seulement de telles pensées vous rendent misérable, mais elles exercent un effet radical sur votre corps et sur ce que vous ingurgitez.

Dans les années 1960, Cleve Backster, un ancien agent de la CIA, fit les manchettes lorsqu'il découvrit que les plantes percevaient les intentions humaines. En 1966, après avoir quitté la CIA pour prendre sa retraite, Backster ouvrit ce qui est encore considéré comme la plus importante agence de détection de mensonges du monde. Un soir, alors qu'il était assis dans son bureau de New York, il décida d'attacher un galvanomètre à une plante d'intérieur. C'était un pur hasard, juste quelque chose qu'il faisait pour tuer le temps. Il découvrit ainsi que le dragonnier que sa secrétaire avait apporté pour décorer le bureau ne réagissait pas seulement aux menaces physiques (il laissa infuser ses feuilles dans du café chaud et les brûla avec une allumette), mais également à ses pensées et à ses intentions. Il reçut un choc et eut envie de « courir dans la rue et de crier au monde entier “les plantes pensent !” », mais il se plongea dans une investigation méticuleuse pour établir la façon dont la plante réagissait à ses pensées.

À l'aide d'un polygraphe de grande précision, il put prouver que les plantes — toutes les sortes de plantes — réagissent aux pensées et aux émotions des êtres humains. Il testa des douzaines de variétés différentes, dont certaines que nous, humains, mangeons chaque jour. Il découvrit que les plantes répondent aux sons qui sont inaudibles aux oreilles humaines et à des longueurs d'onde de rayons infrarouges et ultraviolets invisibles aux yeux humains.

Le biologiste viennois, Raoul Francé, qui mourut en 1943, avant qu'une telle instrumentation soit disponible, avait déjà suggéré que les plantes observent et enregistrent sans cesse des évènements et des phénomènes dont les humains — enfermés dans leur vision du monde anthropocentrique — ne savent rien.

Alors, quel rapport y a-t-il avec notre balance de salle de bains ? La plus grande partie des tonnes d'aliments que nous consommons en moyenne chaque année provient des plantes. Bien entendu, ils sont transformés et battus et mixés de telle façon qu'on ne peut les reconnaître, mais la majeure partie de notre nourriture est à la base des plantes vivantes et conscientes. Le reste de notre consommation provient des animaux qui, eux aussi, tirent leur énergie des plantes. Donc, presque toute la nourriture, toutes les boissons, tous les stupéfiants et les médicaments qui nous maintiennent en vie proviennent des plantes, qui, comme Backster et de nombreux autres scientifiques qui l'ont suivi l'ont prouvé, peuvent lire nos pensées.

Comprenez-vous ce que je dis ?

Ce que vous pensez et ce que vous dites à propos de vous-même, votre corps et votre nourriture est le pivot sur lequel tourne votre santé.

Le fait de compter les calories et les grammes de gras avec un fanatisme religieux peut très bien représenter le principal obstacle qui se dresse entre vous et votre poids idéal.

La bataille contre la nourriture

> *Plus une personne est obsédée par l'idée de devenir mince, plus il devient certain que cette personne n'atteindra jamais son objectif.*
>
> — Augusten Burroughs, auteur américain

Les régimes sont l'ennemi. Ils vous rendent paranoïaque, irrationnel et gros. Il ne faut pas sortir de la cuisse de Jupiter pour constater que les régimes ne fonctionnent pas. Alors, pourquoi persistons-nous à nous priver et à nous discipliner au nom des régimes alors que nous savons qu'ils ne valent rien. Voyons les choses sous cet angle-là : si au moment de toucher votre chèque de paye, votre patron vous dit : « Désolé, mais nous avons décidé de ne pas vous payer cette semaine », continueriez-vous à travailler à cet endroit, semaine après semaine, en espérant qu'il change d'idée un jour ?

Une chose est sûre, la majorité d'entre nous avons une relation très complexe avec la nourriture. Demandez donc aux sociétés spécialisées dans les régimes alimentaires qui engrangent des profits de 60 milliards par année. Au lieu de profiter des bienfaits des aliments, nous nous en méfions, nous les détestons et nous les blâmons pour l'image que nous renvoie notre miroir. Peut-on parler de *relation amour-haine ?*

Aussi longtemps que vous entretiendrez des énergies négatives sur vous-même et que vous passerez votre temps à vouloir perdre du poids, voilà ce que vous récolterez : de la négativité et l'état d'esprit de *vouloir perdre du poids*.

Cette façon de penser est non seulement contreproductive, mais elle vous rend prisonnière de votre corps actuel. Votre corps est le baromètre de votre système de croyances. Vos cellules sont à l'affût de tout ce que vous dites et de tout ce que vous pensez et en faisant des commentaires désobligeants sur certaines parties de votre anatomie ou en retournant sans cesse la même idée dans votre esprit à propos du bourrelet qui entoure votre taille, vous les fixez dans les muscles, les glandes et les tissus de votre corps.

Vous serez peut-être choqué — surtout si vous passez la majorité des moments où vous êtes éveillé à fustiger en silence votre corps hideux et bourré de cellulite —, mais l'état normal de votre corps est d'être en bonne santé. Il peut se guérir et s'équilibrer lui-même sans que vous ayez besoin d'intervenir. Mais quand vous tenez des comptes et que vous comptez les calories avec un espoir éperdu, vous refusez de laisser votre corps changer.

Une preuve anecdotique

Notre corps est un cristal en mouvement. Nous stockons de l'énergie électromagnétique. Nous pouvons recevoir, nous pouvons transmettre et nous pouvons stocker de l'énergie électromagnétique.

— Dr Norman Shealy, physicien recherchiste holistique et neurochirurgien américain

Quand Alan Finger, un célèbre professeur de yoga, était encore adolescent, il perdit 45 kilos en — êtes-vous bien assis ? — un mois.

Après avoir suivi ses études en Inde, son père, Mani Finger, en rapporta un puissant programme de respiration utilisé pour le yoga qu'il enseigna à son garçon obèse.

Au cours du mois où il fit ses exercices de respiration, un outil puissant pour déplacer l'énergie, Alan perdit 45 kilos.

Je sais ce que vous pensez. C'est impossible, cela ne se peut pas.

Alors, permettez-moi de vous arrêter tout de suite. Des pensées comme celle-ci, des pensées qui se rient des potentialités infinies, vous empêchent de voir clairement. Pour changer votre énergie, vous devez changer votre façon de penser. Le mot *impossible* ne devrait pas faire partie de votre vocabulaire.

Une de mes amies essayait de perdre du poids depuis une trentaine d'années. Elle avait tenté toutes les solutions possibles, y compris l'activité physique et la réduction des portions de nourriture. Rien n'avait fonctionné. Elle finit par consulter un spécialiste de la Technique de Libération Émotionnelle (EFT)[1], même si elle avait de la difficulté à croire que quelque chose d'aussi simple que tapoter sur les points méridiens du corps pouvait vraiment l'aider à gagner la bataille contre le poids à laquelle elle se livrait depuis de si nombreuses années. Mais elle était désespérée. Au cours du mois où elle s'adonna à cette pratique pour libérer les énergies bloquées, elle perdit chacun de ces kilos tenaces. Elle a pu se libérer de tout ce surpoids et elle a encore une jolie silhouette aujourd'hui.

Comme dans le cas d'Alan Finger qui perdit 45 kilos en un petit mois (vous pouvez lire à ce sujet le livre *Breathing Space* qu'il a écrit en collaboration avec sa professeure de yoga Katrina Repka), qu'avez-vous à perdre en croyant que c'est possible ?

Je recommande aussi fortement un livre intitulé *La biologie des croyances* de Bruce Lipton. C'est un biologiste cellulaire qui enseigne à l'université Stanford. Il découvrit que, malgré ce que nous croyons tous, nos corps sont influencés plus par l'énergie et les pensées que nous avons qu'ils ne le sont par notre ADN.

1. *Emotional Freedom Techniques*, « technique de libération émotionnelle »

Lipton raconte une histoire remarquable à propos d'un groupe de patients qui avaient des problèmes aux genoux. Ceux du premier groupe subirent une opération chirurgicale compliquée. Ceux du deuxième groupe crurent qu'eux aussi avaient été opérés. Mais le docteur conduisant la recherche fit des incisions dans les genoux des patients du second groupe, sans vraiment les opérer. Donc rien n'avait changé au niveau de leurs genoux. Toutefois, les patients des deux groupes se sentirent mieux et purent bientôt marcher, jouer au basketball et faire toutes les choses qu'ils faisaient avant leur opération chirurgicale aux genoux.

Ceci constitue un effet placebo plutôt fort et devrait vous prouver que vous devez vous voir mince et magnifique et que les pensées négatives doivent être bannies. Ce sur quoi vous vous concentrez dans votre vie se développe, comme le démontre l'expérience n⁰ 5.

Donc, si vous vous concentrez sur le fait que vous être trop gros et que vous devez suivre un régime, cette « réalité » va se développer dans votre vie.

La méthode

La vie elle-même est le véritable banquet.

— Julia Child, auteure, chef cuisinière et personnalité de la télévision américaine

Au cours de cette expérience, vous allez cesser d'en vouloir à la nourriture que vous mangez. Vous allez considérer le moindre petit morceau que vous ingurgitez comme votre meilleur ami, ou au moins comme une connaissance très nourrissante.

Thomas Hanna, qui travaille sur les énergies, déclare que lorsque nous regardons le corps d'une personne, nous observons le processus de réflexion de son esprit. Ce sont nos croyances au sujet de nous-mêmes, bien plus que la tarte à la crème à la banane à laquelle nous ne pouvons résister, qui nous font grossir.

Donc, pour ceux qui commencent cette expérience, nous allons nous abstenir de dire des choses négatives à propos de notre corps. Vous pourrez remarquer que c'est très difficile à faire. Chaque fois que vous émettez un commentaire désobligeant, faites aussitôt une remarque positive — si ce n'est pas à voix haute, alors au moins silencieusement pour vous-même. Par exemple, votre meilleure amie vous téléphone et sans réfléchir, vous lancez : « J'ai mangé un sac entier de maïs éclaté au beurre au cinéma hier. J'ai certainement pris huit livres. » Annulez cette déclaration en disant quelque chose comme : « Bon, j'ai vidé la moitié du sac en regardant Antonio Banderas retirer sa chemise, et je crois réellement que je parais plus mince. » (Vous n'avez pas à être modeste. Il n'y a rien de mal à affirmer que vous êtes un canon !)

Les aliments contiennent beaucoup de fluide énergétique et manger devrait être une expérience grandement positive. Nous nous sommes tellement éloignés de ce concept que cette expérience pourrait se révéler la plus difficile à entreprendre pour la majorité d'entre vous.

Étant donné que la culpabilité ressentie à propos de la nourriture est une habitude tellement enracinée, ceci peut sembler complètement anormal. Il se peut que vous ayez besoin d'un peu d'entraînement. Il se peut même que vous soyez obligé de répéter cette expérience si vous remarquez que les vieilles habitudes reprennent le dessus, si vous vous rendez compte que vous vous demandez le nombre de calories ou de gras que vous vous apprêtez à ingurgiter. C'est la raison pour laquelle cette expérience prend 72 heures au lieu des 48 heures habituellement demandées pour la plupart des autres expériences.

Ce que nous tentons de prouver est que vos pensées et votre énergie dansent continuellement avec le monde autour de vous.

Vous souvenez-vous de l'époque où les gens priaient avant les repas ? Ma famille le faisait à tous les repas, même lorsque nous étions au restaurant, ce qui m'embarrassait énormément quand j'étais adolescente. Je sais à présent que ces prières apportaient de l'énergie positive et des bonnes pensées dans la nourriture — non pas que nous en soyons conscients à cette époque. Mais je dois vous dire que personne dans ma famille n'a jamais connu de problème de poids.

Donc, au cours de cette expérimentation, vous allez faire les choses suivantes :

1. Abstenez-vous de vous fustiger à propos de votre corps. Si possible, retenez votre négativité de toute sorte.

2. Avant d'ingurgiter un aliment quel qu'il soit, envoyez-lui des pensées aimantes, placez vos mains au-dessus de lui et bénissez-le.

3. Concentrez-vous à infuser à vos aliments de l'amour, de la joie et de la paix.

C'est tout. Pesez-vous le jour où vous commencez, puis pesez-vous de nouveau trois jours plus tard.

Rapport d'expérience

Le principe : Le principe Jenny Craig.

La théorie : Vos pensées et votre conscience servent de structure à votre corps physique.

La question : Mes pensées affectent-elles vraiment mon environnement – surtout la nourriture que j'ingurgite ?

L'hypothèse : Si mes pensées et ma conscience dansent continuellement avec le monde qui m'entoure, la nourriture que je mange ne peut qu'être affectée par mes pensées. En changeant ce que je pense et ce que je dis à ma nourriture, j'améliorerai ma santé et, pour les besoins de cette expérience, je perdrai au moins un demi kilo.

Temps nécessaire : 72 heures.

Date du jour : ______________________________

Poids enregistré au lever : ______________________________

Poids enregistré au lever, trois jours plus tard : ______________

L'approche : Ne changez rien à votre régime. En fait, ce que vous mangez ne devrait avoir aucune importance durant le temps que dure cette expérience. Cependant, chaque fois que vous mangerez quelque chose au cours des trois jours qui vont suivre, que ce soit vos œufs brouillés du matin ou une tranche du gâteau d'anniversaire d'un de vos collègues en après-midi, envoyez délibérément et consciencieusement à vos aliments des pensées positives et aimantes avant de les ingurgiter. Remerciez-les pour vous nourrir et attendez-vous à les voir contribuer à l'amélioration de votre corps.

Notes de recherche : ______________________________

____

Vous fabriquez la beauté avec votre esprit.

— Augusten Burroughs, auteur américain

Expérience #8

Le principe des 101 dalmatiens :

Vous êtes relié à tout et à tous les autres êtres humains de l'univers

Je suis parce que nous sommes.

— DOCTRINE DE LA PHILOSOPHIE SUD-AFRICAINE CONNUE SOUS LE NOM D'UBUNTU

L'hypothèse

Au cours de cette expérience, vous prouverez que vous êtes étroitement lié avec tout et avec tous les êtres humains dans un champ « invisible » d'intelligence et d'énergie. En langage quantique, ce tissage de liens est appelé *non-localité*.

Et même si c'est un des concepts spécifiques de la mécanique quantique, la non-localité, avec sa cousine l'intrication, a poussé de nombreux individus à se questionner au cours des trois cents dernières années, à commencer par Sir Isaac Newton, qui considérait comme stupide ce qu'il appelait « action à distance » (malgré le fait que sa propre théorie de la gravité avait proposé exactement le même phénomène). En résumé, la non-localité intervient quand deux particules se comportent de la même manière, sans intermédiaire et simultanément.

Mais cela ne paraît pas logique, n'est-ce pas ? Si vous voulez déplacer, disons, une chaussure abandonnée au milieu du plancher, vous devez la toucher ou toucher un balai qui touche la chaussure ou demander à votre enfant de cinq ans, celui qui l'a laissé traîner, de la ramasser, grâce aux vibrations qui traversent les airs jusqu'à ses oreilles. Les choses ne peuvent affecter que les choses qui sont dans leur entourage immédiat. Il doit y avoir une séquence, une suite d'évènements. Nous croyons que nous ne pouvons transformer que les choses que nous pouvons toucher.

Mais ce n'est pas le cas. Nous allons maintenant avoir un exemple manifestement plus précis qui prouve qu'un objet, sans être en aucune façon près d'un second objet, peut influencer le second objet. Malheureusement, la majorité d'entre nous continuons à nous en tenir à l'ancienne façon de voir le monde, c'est-à-dire avec une suite d'évènements, même si les physiciens ont démontré de nombreuses fois que lorsqu'un atome a été dans la proximité d'un autre atome, il sera influencé par cet atome (ou entremêlé à ce dernier), quelle que soit la distance qui les sépare. Même Einstein n'a pu se résoudre à adopter ce concept contraire à l'intuition. Une énigme encore plus étrange veut que lorsque les atomes ont été en interaction, ils sont reliés pour toujours.

Nous avons même prouvé que la non-localité et l'intrication fonctionnent sur des choses plus volumineuses, comme les êtres humains. En 1978, le Dr Jacobo Grinberg-Zylberbaum de l'université nationale autonome du Mexique (plus tard suivi par le neuropsychiatre de Londres, le Dr Peter Fenwick) choisit deux sujets tests pour passer un électroencéphalogramme dans deux salles séparées. Les courbes des ondes du cerveau produites par une série de lumières stroboscopiques dans les yeux d'un des sujets apparurent de façon identique sur l'électroencéphalogramme de l'autre sujet test, même s'il n'était pas près des mêmes lumières.

Même si la non-localité n'a aucun sens pour nos esprits newtoniens, nous pouvons quand même l'utiliser à notre avantage. Comme notre ordinateur qui est relié via Internet à un nombre infini de renseignements, vous — grâce à votre état d'être humain — êtes lié à toutes les autres personnes de la terre.

Parfois, lorsque je veux communiquer avec une personne qui se trouve dans une autre partie du monde, je murmure mon message au chêne géant qui s'élève devant ma maison. Inutile de dire que les arbres, comme les chiens dans *Les 101 dalmatiens*, sont interconnectés, et le chêne peut facilement envoyer des messages à un palmier qui se trouve dans le jardin d'un ami en Californie grâce au concept de non-localité.

Au cours de cette expérience, vous allez utiliser la non-localité pour envoyer un message à quelqu'un qui est loin de vous, quelqu'un que vous ne verrez pas et à qui vous ne parlerez pas.

Cette sensation de synchronicité

Tout tourne autour de l'amour et de la façon dont nous sommes tous reliés.

— Mark Wahlberg, acteur américain

Quand ma fille était au collège, elle se mit à faire la même réponse à toutes les questions — 222. Si quelqu'un lui demandait l'heure, elle disait 2 heures 22, même quand il était 5 heure 43. Si quelqu'un demandait combien coûtait un carton de lait en format individuel, elle répondait encore 2,22 $. Ses amis s'en amusèrent et se mirent à l'appeler tous les après-midi à 2 heures 22 très précises. Elle créa même une page fan Facebook qu'elle appela « L'extraordinaire splendeur du 222. » Comme je l'ai déjà mentionné, elle était au collège.

Ce même été, nous avons fait deux voyages. Lors de ces deux voyages, sans aucune contribution ni participation de ma part, nous nous sommes retrouvées immanquablement dans la chambre 222 des hôtels dans lesquels nous descendions – un hôtel à Seattle après que nous avions manqué notre correspondance pour Juneau, et l'autre à l'hôtel Langham à Londres, situé de l'autre côté de la rue des studios de la BBC.

Le psychiatre suisse, Carl Jung, avait qualifié de tels évènements de *synchronicité* : « la survenue simultanée de deux évènements significatifs mais non reliés par la causalité ». Certaines personnes voient de telles coïncidences comme des anomalies amusantes générées par le hasard créateur d'évènements, sous prétexte qu'il est inévitable que des évènements de la colonne A finissent par s'accorder avec ceux de la colonne B.

Au cours de cette expérience, vous allez vous permettre de supposer que des évènements simultanés ne sont pas le fait de la loi des moyennes ou de l'illusion absolue, mais sont plutôt dus à la non-localité et à l'intrication.

En fait, dans son livre *Prometheus Rising*, Robert Anton Wilson prétend que même « le fait d'envisager ces questions déclenche habituellement des synchronicités jungiennes ». Observez combien de temps après avoir lu ce chapitre vous rencontrerez une coïncidence étonnante. Si vous avez des histoires intéressantes à partager, envoyez-les-moi via mon site web : www.pamgrout.com (en anglais seulement).

Comme Wilson aimait le faire remarquer, la structure de l'univers n'est pas soumise aux règles des humains. En fait, laissons-le expliquer le théorème de la non-localité mis de l'avant dans les années 1960 par le théoricien John S. Bell. C'est le désormais célèbre théorème de Bell qui a mené à de véritables expériences qui ont prouvé de façon concluante la non-localité de la nature quantique du monde.

Le théorème de Bell est très technique, mais transposé dans un langage ordinaire, il se résume à... ceci : Il n'existe pas de systèmes isolés. Chaque particule de l'univers est en communication « instantanée » (plus rapide que la lumière) avec chaque autre particule. Le Système tout entier, même les parties qui sont séparées par des distances cosmiques, fonctionne comme un Système entier.

Après cette expérience, vous découvrirez que la synchronicité, un phénomène que les gens écartent habituellement en lançant un « Wow ! Quelle drôle de coïncidence ! », n'est rien d'autre que la preuve expérimentale de l'interconnexion de toutes les choses.

Tout ce qui ne ressemble pas à l'amour n'est rien d'autre que de la poudre aux yeux

Nous pouvons le retourner dans tous les sens que nous voulons,
mais nous ne pouvons expliquer la raison pour laquelle
nous nous détournons de cette évidence.

— Larry Dossey, M.D., auteur et médecin américain

En 1972, au congrès annuel de l'Association américaine pour l'avancement des sciences, un météorologue nommé Edward Lorenz a introduit un tout nouveau terme dans le langage vernaculaire américain : l'Effet Papillon. C'est ainsi qu'il avait nommé l'observation qu'il avait faite voulant qu'un évènement apparemment aussi insignifiant que le battement des ailes d'un papillon au Brésil pouvait déclencher une tornade au Texas. Autrement dit, des choses minuscules et presque imperceptibles peuvent avoir des conséquences graves et capitales.

Le côté plaisant de cette expérience est que vous pouvez l'utiliser pour attirer l'amour dans votre vie ou pour éclairer le monde. Quand vous générez des pensées inspirantes sur quelqu'un, cela contribue favorablement à son énergie. Inversement, quand vous jugez les autres, même si vous gardez cela pour vous, vous affectez leur énergie et vous détériorez la qualité de vos interactions. Vous pouvez littéralement rendre votre monde plus harmonieux en envoyant de l'amour, des bonnes pensées, de la paix et d'autres émotions avec des fréquences élevées aux personnes qui vous entourent dans votre vie.

Comme il est dit dans *Un cours en miracles*: « Vous serez béni par toutes les pensées bienfaisantes de n'importe lequel de vos frères où qu'il soit sur la planète. »

Une histoire courte au sujet d'un protestataire qui se tenait à l'extérieur de la Military School of America, affrontant silencieusement les policiers des États-Unis et leur comportement menaçant. Quelqu'un lui demanda: « Qu'est-ce qui vous fait croire qu'en tenant cette petite bougie vous allez avoir un effet sur ces gouvernements ? Ils font ce qu'ils font depuis des décennies. »

Il répliqua: « Je ne cherche pas à les changer. Je ne veux pas que mon pays me change, *moi*. »

Vos pensées sur les autres vous changent.

Est-ce réellement possible dans ce monde prônant le principe nous vs eux, que nous, comme le stipule ce principe sur l'énergie, ne fassions vraiment qu'un ?

Bon, pour être directe… oui. Nous sommes tous dans le même bateau. Et chaque fois que nous jugeons ou que nous pensons quelque chose de pas très charitable sur quelqu'un, nous nous crucifions nous-mêmes. Nous nous infligeons de la peine à nous-mêmes.

Nos différences, aussi grandes que nous le laissions paraître, sont superficielles et insignifiantes. Et il est temps que nous nous en débarrassions.

Quand vous rencontrez quelqu'un, souvenez-vous qu'il s'agit d'une rencontre divine. Vous vous verrez de la même façon que vous le verrez. Vous vous traiterez de la même façon que vous le traitez. Vous penserez de vous ce que vous pensez de lui.

Vous pouvez changer votre relation avec n'importe quelle personne simplement en lui envoyant des bonnes pensées.

Une preuve anecdotique

Que nous soyons des abeilles mellifères, des pins à bois dur, des coyotes, des êtres humains ou des célébrités, nous voulons tous une seule chose, aimer et être aimés, acceptés, chéris et reconnus simplement pour ce que nous sommes. Est-ce vraiment si difficile ?

— Derrick Jensen, auteur et activiste environnementaliste américain

Mon amie, que j'appellerai Ginger bien que ce ne soit pas son prénom, avait une relation tumultueuse avec sa mère depuis des années. Pour en finir, elle décida que chaque nuit avant de s'endormir elle enverrait de bonnes pensées à sa mère. Sa mère, bien entendu, ne savait pas qu'elle faisait cela. Jusqu'à ce jour, Ginger n'a jamais dit à sa mère que pendant environ six mois, elle a passé quelques minutes tous les soirs à l'imaginer en train d'obtenir tout ce qu'elle désirait et à la voir très heureuse.

« Honnêtement, je ne sais pas comment cela s'est produit, mais notre relation a changé. À présent, nous sommes les meilleures amies du monde », déclare Ginger.

Une autre preuve anecdotique

Explorez vos propres latitudes plus élevées. Faites comme Christophe Colomb et découvrez tous les nouveaux continents qui dorment en vous, ouvrez de nouveaux canaux, pour favoriser non pas le commerce, mais le flux des pensées.

— Henry David Thoreau, écrivain et philosophe américain

L'auteure de livres à succès, Martha Beck, était comme la plupart d'entre nous : plutôt amicale, plutôt naïve, mais pas au point de se laisser emporter. Après tout, c'était une scientifique, une sociologue diplômée de Harvard qui avait besoin de faits pour arriver à une certaine conclusion. Et la conclusion à laquelle elle arriva, la même que celle à laquelle la plupart d'entre nous arrivons sur la planète Terre, est que les gens sont corrects tant qu'on ne s'implique pas trop. Surtout si vous êtes à Harvard et que vous essayez d'obtenir votre deuxième maîtrise. Il est certainement préférable de tenir les autres à distance.

Comme elle le décrit dans son merveilleux livre *Expecting Adam* : « Nous nous promenons comme la reine Élizabeth, que Dieu la bénisse, avec nos petits accessoires, en évitant de commettre le moindre impair, sans jamais montrer nos véritables sentiments ni toucher quelqu'un d'autre sans avoir mis un gant en cuir. »

Mais la vie joua un mauvais tour à Martha Beck. Elle lui donna un fils, Adam, affligé du syndrome de Down qui lui apprit que tout ce qu'elle croyait avoir compris sur le monde n'était qu'un gigantesque subterfuge. Tout particulièrement la partie concernant le fait de ne pas accorder sa confiance aux autres. Quand elle était enceinte d'Adam, son mari, également diplômé de Harvard, effectua de nombreux voyages en Asie et, restée seule à la maison, elle devait se débattre avec ses études exigeantes, leur enfant de deux ans et une grossesse qui ne se passait pas très bien. Des incendies, la possibilité d'une fausse couche et une grossesse difficile l'amenèrent à ne plus savoir que faire.

Comme elle le dit : « Je me sentais comme si un tas de graviers avait été renversé sur moi. »

Chaque fois qu'elle était sur le point de craquer, un ange (et je ne le dis pas métaphoriquement) ou une vague connaissance se présentait avec des paroles apaisantes ou lui apportait des articles d'épicerie ou tout autre forme d'aide. N'oubliez pas qu'il s'agissait d'une femme qui devait être au bord du désespoir pour tout ce qu'elle devait traverser. Il y a bien longtemps, elle avait rejeté toute notion de Dieu et avait été incitée par son éducation à suivre « la bonne vieille logique baconienne consistant à refuser de croire n'importe quoi tant que cela n'a pas été prouvé ».

Néanmoins, une femme qu'elle connaissait à peine se présenta devant sa porte un matin avec des sacs d'épicerie alors qu'elle était au bord de l'évanouissement, une force invisible sortie de nulle part pour la guider, elle et sa fille, à travers l'appartement enfumé avant qu'il ne brûle entièrement, et elle fut capable de parler à son mari même s'il était à Hong-Kong et elle à Boston. Et, non, ce n'était pas par téléphone.

Elle en vint à réaliser que « Contre toute attente et bien que tout joue contre lui sur cette planète déplaisante et inconfortable, l'amour maternel est présent en abondance. Vous pouvez toujours le trouver, si vous êtes suffisamment intelligent et si vous savez où chercher. » Même si vous n'êtes pas assez intelligent, il a tendance à se montrer, surtout si vous en avez vraiment besoin.

Martha Beck déclare : « Je dois me débarrasser de tous mes chagrins, de toutes mes frayeurs, de toutes mes idées fausses, de tous mes mensonges qui se faufilent entre mon esprit conscient et ce que je sais du fond de mon cœur être vrai… J'ai élargi ma réalité d'un filet de faits solides, aussi étroit, fort et froid que la lame d'un rasoir, à un chaos sauvage de possibilités. »

La méthode

Ce qui apparaît maintenant comme les paradoxes de la théorie quantique sera tout juste du bon sens aux yeux des enfants de nos enfants.

— Stephen Hawking, physicien théoricien britannique

Au cours de cette expérience, vous enverrez un message à quelqu'un que vous connaissez en utilisant le concept de la non-localité. Selon Laura Day, l'auteure de *Guide pratique de l'intuition*, c'est aussi facile que d'envoyer un courriel.

Ce qu'il y a de bon dans cette expérience, c'est que vous n'avez même pas à quitter votre chaise. La majorité de vos interactions avec d'autres êtres humains se produisent dans le domaine non physique. Toutes ces pensées que vous croyez garder pour vous-même à titre privé ? Elles ne sont pas vraiment privées. Puisque nous sommes tous reliés, vous pourriez aussi bien les claironner dans un micro. De toute façon, tout le monde capte le message subtilement.

Nous sommes tous connectés à cette grande banque de données et nous échangeons en permanence de l'énergie avec les autres personnes faisant partie de notre cercle d'influence, et de façon moindre, avec les autres êtres humains de la planète.

Oubliez la thérapie. Vous pouvez économiser beaucoup d'argent en changeant simplement le dialogue dans votre propre esprit.

Mais soyez prudents en ce qui concerne ce que vous demandez. Sondra Ray, cofondatrice de *Loving Relationship Training* et mon ancienne formatrice, raconte une histoire drôle concernant la communication par l'intermédiaire de la banque de données invisible. Elle alla rencontrer Leonard Orr, un autre de mes formateurs, pour découvrir pourquoi elle n'arrêtait pas d'accidenter sa voiture. Il lui dit de formuler différemment son intention comme une affirmation. Elle éclata de rire et rétorqua :

— Vous voulez dire qu'avec simplement une intention je peux même faire en sorte que des hommes m'appellent au téléphone ?

— Bien sûr, répondit-il. Essayez.

Elle envoya donc l'intention qui suit dans le CP : *Je reçois maintenant un grand nombre d'appels téléphoniques de la part d'hommes.* En l'espace de quatre jours, chacun de ses anciens amoureux l'appelèrent, dont certains qu'elle n'avait pas vus depuis des mois, voire des années.

« Aussi incroyable que cela puisse paraître, déclare-t-elle, j'ai commencé à recevoir des appels au cours de la soirée, des faux numéros de la part d'hommes que je ne connaissais même pas. » Inutile de dire qu'elle changea son intention pour une qui fonctionne.

Voici les différentes étapes :

1. Choisissez la personne qui sera votre cible. Bien qu'il soit possible d'envoyer un message à pratiquement n'importe qui, je vous conseille de choisir quelqu'un que vous avez déjà rencontré. Bruce Rosenblum, professeur de physique à l'université de Californie à Santa Cruz prétend qu'à partir du moment où vous avez rencontré une personne et que vous lui avez serré la main, vous êtes reliés à tout jamais.

2. Choisissez quelle sorte d'action ou quelle réponse vous voulez. Plus vous pourrez être précis et mieux ce sera. Soyez très clairs sur votre objectif. Pour ma plus récente expérience, j'ai envoyé un message à mon conjoint Jim : « Rapporte du pain. »

3. Placez votre cible devant les yeux de votre esprit.

4. « Soyez » avec votre cible en incarnant et en expérimentant votre connexion. Les paroles sont souvent sans effet pour faire comprendre un message. Faites participer tous vos sens. Et croyez en votre message.

Pour le rendre plus efficace et ajouter un peu de fantaisie, innondez la personne qui est votre cible sous une pluie de bonnes pensées. Envoyez-lui une tonne de bienfaits. Visualisez-la en train de gagner la loterie, avoir un rendez-vous romantique avec Channing Tatum, gagner un voyage autour du monde.

Rapport d'expérience

Le principe : Le principe des 101 dalmatiens.

La théorie : Vous êtes reliés à tout et à tous les autres êtres humains de l'univers.

La question : Puis-je envoyer un message à quelqu'un sans être en sa présence ?

L'hypothèse : Si pendant les deux prochains jours j'envoie par télépathie un message spécifique à une personne spécifique, j'aurai la preuve qu'il ou elle l'a bien reçu.

Temps nécessaire : 48 heures.

L'approche : Bon, CP, j'entends la musique de *La quatrième dimension* en fond sonore, mais je veux suspendre mon jugement juste cette fois-ci pour voir si cela peut être un de ces mystérieux aspects de la physique quantique. Qu'en dites-vous ?

Date du jour : ____________________ **Heure** :____________________

Notes de recherche : ____

____

C'est au fond le seul courage qu'il nous est demandé d'avoir :
du courage pour le plus étrange, le plus singulier et
le plus inexplicable que vous puissiez rencontrer.

— Rainer Maria Rilke, poète autrichien-bohémien

Expérience #9

Le principe du pain et du poisson :

L'univers est sans limite, prospère et étrangement accommodant

La majorité des gens parviennent à connaître seulement
un coin de leur chambre, un endroit près de la fenêtre,
une bande étroite qu'ils arpentent dans un sens et dans l'autre.

— RAINER MARIA RILKE, POÈTE AUTRICHIEN-BOHÉMIEN

L'hypothèse

Cette expérience réfutera le mythe selon lequel la vie n'apporte rien et qu'ensuite vient la mort. La plupart d'entre nous, que nous l'admettions ou non, croyons que la vie est difficile. Nous croyons qu'il y a une limite à ce que nous sommes capables d'endurer — que nous parlions d'argent, de temps, ou de maïs éclaté au cinéma.

Même ceux qui possèdent une Maserati passent beaucoup trop de temps à se demander comment ils pourraient en avoir encore plus.

Pourquoi ? Parce qu'ils croient, à tort, que ce n'est pas assez. Même les milliardaires, même ceux ayant une surabondance de ressources, vivent sous le joug de ce diktat.

Une de mes amies a interviewé le riche propriétaire d'une compagnie florissante qui lançait un nouveau produit. Elle remarqua le signe du dollar qui scintillait dans ses yeux et elle lui demanda s'il y avait une marge de profit, un indice de succès ou un certain montant de dollars qu'il considérerait comme étant « assez ». Il réfléchit pendant un instant, sourit et lui donna sa réponse : « Mais, vous n'avez pas compris. Ce n'est jamais assez. »

C'est comme le jeu des chaises musicales. Tout le monde a peur de se retrouver sans siège lorsque la musique s'arrêtera.

Nous avons plus de richesses qu'il n'en faut, mais nous avons l'impression d'être pris au piège et nous sommes effrayés et toujours sur nos gardes. Bien sûr, nous qualifions notre société de prospère, mais de bien des façons, ce n'est rien d'autre qu'une illusion, une ruse, que nous devons à notre mantra « ce n'est pas assez » qui ne nous quitte pas. Nous sommes trop occupés à jouer à la chaise musicale, à courir de plus en plus vite autour de ce cercle illusoire de chaises dont le nombre diminue. Contrairement à tout ce que vous connaissez, le principe du pain et du poisson suggère qu'il existe une loi naturelle d'abondance et que tout va bien — vous pouvez vous détendre.

Quand Jésus « a prié » pour multiplier les poissons et les miches de pain, il ne s'est pas inquiété de savoir comment cela allait se produire. Il s'est contenté de concentrer ses pensées en une formation ressemblant à un rayon laser — en se disant que l'abondance et la prospérité était sont droit divin. De plus, pendant le temps que durera l'expérience, vous mettrez de côté vos façons de penser habituelles et vous les remplacerez par la vague possibilité qu'il puisse y avoir assez. Pour tout le monde.

Quelque chose détonne dans ce portrait

Si tu crois qu'il y a un croque-mitaine, allume la lumière.

— Dorothy Thompson, journaliste et animatrice américaine

La pénurie et le manque sont nos paramètres par défaut, le conditionnement incontestable qui régit nos vies. L'idée qu'« il n'y a pas assez » est présente dès le matin quand le réveil sonne : « Ah, merde, je n'ai pas assez dormi. »

Avant de nous asseoir dans le lit, avant même de glisser nos pieds dans nos pantoufles, nous protestons déjà contre le manque. Quand nous finissons par nous lever, une idée vient en tête : « À présent, je n'ai pas assez de temps pour me préparer. »

Et à partir de ce moment, cela va se dégrader.

Nous dépensons une grande partie de notre énergie à nous inquiéter et à nous plaindre de ne pas avoir assez. Nous n'avons pas assez de temps. Nous ne faisons pas assez d'exercice ou ne consommons pas assez de fibres ou de vitamine E. Notre salaire n'est pas assez substantiel. Nos fins de semaine ne sont pas assez longues. Nous, pauvres petites choses, ne sommes pas assez minces, assez intelligents ou n'avons pas fait assez d'études.

Il ne nous vient même pas à l'idée de vérifier si ce mantra « pas assez » est vrai. Il est si profondément enraciné qu'il modèle le sens le plus profond de ce que nous sommes. Le fait de manquer est devenu la lentille à travers laquelle nous expérimentons toutes les facettes de la vie.

C'est pourquoi nous acceptons un emploi qui ne nous satisfait pas. C'est pourquoi nous restons dans une relation qui n'est pas épanouissante. C'est pourquoi nous retournons faire la file au buffet alors que nous n'avons plus faim.

C'est pourquoi nous avons créé des systèmes et des institutions pour contrôler l'accès aux ressources (le pétrole, par exemple ?) que nous savons avoir une grande valeur et être en quantité limitée. Si nous n'étions pas aussi inquiets à l'idée de n'avoir pas assez, nous pourrions nous détendre et utiliser les ressources dont nous disposons pour développer des sources alternatives d'énergie, comme le soleil ou le vent — énergie qui, je m'évertue à le préciser, ne fera jamais défaut.

Cette crainte de manquer nous pousse à faire des choses dont nous ne sommes pas fiers, des choses qui compromettent nos idéaux les plus élevés, des choses qui dévastent la nature, des choses qui nous séparent de notre intégrité aux plus hauts niveaux. Et à partir du moment où nous nous définissons comme médiocres, nous dépensons toute notre énergie pour nous assurer que nous ne sommes pas laissés pour compte et que nous ne céderons pas notre place à l'autre.

Mais voilà, tout cela n'est rien d'autre qu'un énorme mensonge. Il y a assez — pour tous. Nous vivons dans un univers vaste et prospère, et si nous pouvions seulement surmonter cette crainte infondée de n'avoir pas assez, nous pourrions cesser de stocker les ressources (allons, qui a besoin de 89 paires de chaussures ?) et libérer notre énergie pour nous assurer que nous ayons tous ce dont nous avons besoin.

Les Amérindiens de la tribu des Chumash, qui vécurent pendant des milliers d'années sur la côte centrale de la Californie, profitaient de ce que j'appellerais des vies riches et prospères. Ils vivaient en petits villages et se servaient des ressources naturelles qui se trouvaient dans leur environnement immédiat pour faire des canoës, des flèches et des médicaments. Ils consommaient régulièrement plus de cent cinquante sortes de fruits de mer, des melons d'Espagne et des pignons de pin. Ils fabriquaient des couvertures en fourrure, des pots en stéatite décorés de coquilles et de magnifiques paniers, tressés tellement serrés qu'ils pouvaient contenir de l'eau. Presque chaque jour, les membres de la tribu organisaient des jeux, dansaient, chantaient des berceuses à leurs enfants et prenaient un bain de vapeur dans le village *'apa'yik*.

De nos jours, nous considérons ce style de vie comme une vie de « subsistance » et nous portons sur lui un regard hautain en le qualifiant d'existence misérable. Mais j'aimerais suggérer que les Chumash, contrairement à nous, vivaient dans une économie d'abondance. Pour les Chumash, il y en avait toujours assez. Ni trop, ni trop peu. Assez. Et plus important, il y avait assez de temps pour ce qui comptait — les relations, la bonne chère, l'art, les jeux et le reste.

À présent, avec les ressources déjà à votre disposition (vous n'avez pas à chercher un nouvel emploi ou à essayer de créer une nouvelle relation ou même à suivre des cours de yoga, ce qui est prenant), vous pouvez commencer à mener une vie riche et porteuse de sens. Et le meilleur est que vous pouvez cesser de travailler si dur. Prenez les choses du bon côté pour changer.

Le bonheur peut arriver à tout moment

Et si cette force puissante était utilisée pour faire évoluer les gens plutôt que pour les enfermer dans une idéologie corporative et religieuse ?

— Mark Vicente, réalisateur de *Que sait-on vraiment de la réalité ! ?*

Il en résulte que nous n'avons aucune idée des limites que nous avons imposées à notre perception. Si nous savions réellement à quel point nous avons rejeté la beauté du monde, nous n'en reviendrions pas.

Notre confusion est si profonde que nous ne pouvons même pas concevoir le monde sans sacrifice. Mais voilà la vérité : le monde ne contient aucun sacrifice excepté ceux que nous lui avons prescrits.

Cela vaut la peine de s'arrêter un moment pour considérer à quel point nous sommes devenus victimes d'illusions.

Quelques jours après avoir fêté son vingt-neuvième anniversaire, Eckhart Tolle souffrit d'une sévère crise d'anxiété accompagnée de pensées suicidaires. Jusque-là, sa vie avait été insignifiante. Cette nuit-là, il se répéta, encore et encore : « Je ne peux pas vivre avec moi-même un instant de plus. » Soudain, il déclara : « Je me sentis plongé dans un vide. »

Quand il « se réveilla », il ne ressentait que de l'amour, une paix profonde et ininterrompue et du bonheur.

Son intense douleur émotionnelle avait forcé sa conscience à dépasser toutes les limites qu'il lui avait imposée. La réaction avait été si foudroyante que son ego illusionné, son ego malheureux et profondément craintif, s'était effondré immédiatement comme un jouet gonflable auquel on enlève la prise.

Il passa presque deux ans à ne rien faire d'autre que de rester assis sur des bancs publics dans un état de félicité profonde.

Ou pensons à Byron Katie. Cette agente immobilière de Californie était au milieu d'une vie ordinaire — deux mariages, trois enfants, une carrière professionnelle réussie — quand elle tomba dan une dépression profonde. Elle s'inscrivit d'elle-même dans un centre d'hébergement et de réinsertion sociale accueillant des femmes présentant des troubles de l'alimentation, pas parce qu'elle avait ce genre de problème, mais parce que c'était le seul établissement qui était couvert par sa compagnie d'assurance. Une nuit, alors qu'elle était allongée sur le sol du grenier (j'avais l'impression que je ne méritais pas de dormir dans un lit, dit-elle), elle s'éveilla en sursaut sans aucune notion normale et préconçue des sacrifices à faire dans la vie.

« Toute les pensées qui m'avaient troublée, mon univers tout entier, l'univers tout entier avait disparu… Tout était impossible à reconnaître… Un rire s'éleva du plus profond de moi. J'étais envahie d'une grande allégresse », dit-elle dans son livre *A Thousand Names for Joy*.

Elle retourna chez elle et, assise près de la fenêtre, elle regarda à l'extérieur dans un état de félicité profonde pendant des jours et des jours.

« C'était comme si un sentiment de liberté s'était éveillé au fond de moi », déclare-t-elle.

Le colonel Moutarde, dans le jardin d'hiver, avec la clé anglaise

Le bon sens est la somme des préjugés acquis
avant l'âge de dix-huit ans.

— Albert Einstein, physicien théoricien d'origine allemande

Je jouais au jeu de société Clue avec deux amies de ma fille. Nous distribuâmes les feuilles de note du détective et placèrent la corde, le tuyau en plomb et les autres armes miniatures dans les pièces miniatures du manoir miniature.

« Pourquoi ne commences-tu pas ? » dis-je à Kylie, qui avait choisi d'être le détective en charge du professeur Violet.

Les filles me regardèrent comme si je leur avais demandé de prendre une douche dans le vestiaire des garçons.

— Maman ! Madame Grout ! protestèrent-elles à haute voix.

— Quoi ? Qu'ai-je dit ?

— Tout le monde sait que c'est toujours mademoiselle Rose qui doit commencer.

Elles m'expliquèrent également que pour pouvoir émettre une accusation, le pion doit toujours se trouver dans la pièce où vous pensez que le crime a été commis, et si vous voulez prendre un passage secret, vous pouvez seulement le faire entre le petit salon et la cuisine ou la bibliothèque et le jardin d'hiver.

— Qui a dit cela ? demandai-je.

— C'est la règle. C'est écrit ici, rétorqua l'une d'entre elles en me mettant la règle du jeu soigneusement imprimée sous le nez.

Ces « règles gravées dans de la pierre » me firent penser à la façon dont nous « jouons la vie. » Quelqu'un a décidé que c'est de cette façon que « fonctionne » le monde, et parce que nous avons tous accepté de voir le monde de cette manière, nous en avons fait la « réalité. »

Il s'avère que nous nous sommes tous fait avoir. Presque tous les concepts et les opinions que nous prenons pour acquis sont très loin de la réalité. Tout ce que nous croyons être « vrai » n'est en fait qu'un simple reflet des « règles du jeu Clue » auxquelles nous adhérons tous. Le monde que nous croyons voir est tout simplement la projection de nos propres règles du jeu individuelles.

Il est peut-être temps de prendre ces règles, de les découper et d'en faire des confettis. En attendant, jusqu'à ce que nous finissions par comprendre que nous sommes « totalement aimés, totalement aimables et totalement aimants », nous continuerons à nous sentir vides, à questionner nos buts et à nous demander pourquoi nous sommes là.

Voilà pourquoi nous devons demander des nouvelles lunettes pour regarder le monde.

Une preuve anecdotique

Être maussade est plus facile qu'être de bonne humeur. N'importe qui est capable de dire « J'ai le cancer » et faire réagir une foule. Mais combien d'entre nous peuvent faire un numéro d'humoriste pendant cinq minutes ?

— P. J. O'Rourke, ex-correspondant pour le magazine *Rolling Stone*

Caryn Johnson a toujours su qu'elle voulait être comédienne. En fait, elle déclare que sa première pensée cohérente lorsqu'elle était enfant a été *Bon sang, j'aimerais jouer la comédie.*

Même si elle vivait dans un quartier pauvre de New York, le théâtre et ce qu'elle qualifiait de « prétendre être quelqu'un d'autre » occupaient une grande place dans sa vie. C'était à l'époque où Joe Papp présentait gratuitement des pièces de Shakespeare à ses voisins de Chelsea. Elle voyait aussi beaucoup de films avec son frère, Clyde, et sa mère, Emma, qui élevait seule les deux enfants.

« Quand j'ai vu Carole Lombard descendre un escalier dans une robe longue en satin, j'ai pensé "Je peux faire ça" », dit-elle. Je voulais descendre ces escaliers et je voulais dire ces mots et vivre cette vie. Dans les films, vous pouvez être tout ce que vous voulez. Vous pouvez voler. Vous pouvez rencontrer des formes de vie extra-terrestre. Vous pouvez être une reine. Vous pouvez dormir dans un très grand lit, avec des draps en satin, dans votre propre chambre. »

À l'âge de huit ans, elle jouait déjà la comédie pour le *Hudson Guild Community Center*, un centre communautaire qui offre un service de garderie ainsi qu'un programme spécialisé dans le théâtre et les arts aux enfants démunis du voisinage.

Sa vie prit un tournant décisif alors qu'elle était au secondaire, quand elle fut qualifiée de « lente et possiblement retardée » par erreur, à cause de sa dyslexie. Elle abandonna les études, tomba dans l'enfer de la drogue et oublia tous ses rêves de jouer la comédie. À dix-neuf ans, elle devint elle-même une mère monoparentale.

La bonne nouvelle est qu'elle arrêta de se droguer. En fait, le père de sa fille était le conseiller qui l'aida à vaincre sa dépendance. Mais la mauvaise nouvelle est qu'il n'était pas fait pour être père et il la quitta quelques mois après la naissance d'Alexandrea.

Caryn se retrouva dans la situation de quelqu'un qui a abandonné ses études sans qualification particulière. En fait, la seule chose qu'elle savait faire était prendre soin des enfants. Elle prit un emploi de gardienne d'enfant et partit s'installer à Lubbock au Texas, avec l'amie qui l'avait engagée. Finalement, l'amie déménagea à San Diego et Caryn fut ravie de la suivre avec sa fille.

Quand la relation se dégrada, elle se retrouva bloquée en Californie, sans argent et sans qualification. Elle ne savait même pas conduire, ce qui constitue un handicap majeur en Californie où les autoroutes abondent.

« Je n'avais pas de diplôme, dit-elle. Je n'avais que moi et ma fille. »

Oh, oui, et ce rêve de jouer la comédie. La journée, elle apprit à poser des briques et elle suivit des cours de cosmétologie. Le soir, elle jouait la comédie avec une troupe de théâtre expérimental. Pendant un temps, elle devint maquilleuse dans un funérarium et augmenta son revenu par des allocations sociales. « Je m'inquiétais de savoir comment j'allais faire pour procurer à ma fille plus d'une paire de chaussures ou pour faire durer tout un mois 165 $ d'épicerie », dit-elle.

Malgré tout cela, elle continuait à croire que « tout est possible. » Elle continuait à croire qu'elle pouvait être comme Carole Lombard, qui descendait l'escalier dans sa longue robe en satin.

« Jouer la comédie est la seule chose que j'ai toujours su que je pourrais faire », dit-elle.

Sa croyance indéfectible finit par lui ouvrir des portes. En 1983, le célèbre réalisateur Mike Nichols assista à sa performance au sein d'une troupe de théâtre à Berkeley, les *Black Street Hawkeyes*. Il fut tellement impressionné par son jeu qu'il lui fit immédiatement signer un contrat pour un spectacle où elle était seule sur scène, *The Spook Show*, présenté à Broadway. Steven Spielberg assista à une représentation et l'engagea pour jouer le rôle de Celie dans *La couleur pourpre*. C'est alors qu'elle changea son nom pour devenir Whoopi Goldberg.

« Je peux faire n'importe quoi. Je peux être n'importe qui. Personne ne m'a jamais dit que ce n'était pas possible. Personne ne m'a jamais dit que je devais me limiter à une seule chose, et par conséquent, je pense en termes de ce qui est possible et de ce qui n'est pas possible, dit Whoopi dans son autobiographie, *Book*.

» Je savais que je ne pourrais jamais changer l'eau en vin ou faire parler les chats en français, mais j'ai aussi appris que si vous abordez une chose sans idée préconçue sur sa nature, le monde entier peut être votre terrain de jeux.

» Il vous suffit de faire un rêve et vous pouvez le réaliser. Je crois que j'appartiens à l'endroit où je veux être, quels que soient la situation ou le contexte où je me suis placée. Je croyais qu'une fillette pouvait grandir dans un foyer monoparental dans les quartiers pauvres de

Manhattan, devenir mère monoparentale à son tour, vivre pendant sept ans en touchant des allocations sociales et en faisant des petits boulots et finir par jouer dans des films.

» Alors, oui, je crois que tout est possible. Je le sais parce que je l'ai vécu. Je le sais parce que je l'ai vu. J'ai été témoin de situations que les anciens auraient qualifiées de miracles, mais ce ne sont pas des miracles. Ce sont les produits du rêve d'un individu. En tant qu'êtres humains, nous sommes capables de créer un paradis, et d'améliorer nos vies de nos propres mains. Oui, oui, oui — c'est possible.

» Si quelque chose n'est pas survenu, ce n'est pas parce qu'il ne peut pas survenir, ou parce qu'il ne surviendra pas : ce n'est tout simplement pas encore survenu. »

D'autres preuves anecdotiques

Maîtriser le pouvoir de votre esprit peut être plus efficace que les médicaments pour lesquels on vous a programmés à croire que vous aviez besoin.

— Bruce Lipton, Ph.D., biologiste cellulaire américain

Pendant des années, la vie de Myrtle Fillmore a tourné autour de son armoire de toilette pleine de médicaments. Non seulement la cofondatrice de Unity Church souffrait de tuberculose, ce qui l'amena à cracher du sang et à avoir sans cesse un train de fièvre, mais elle avait également la malaria à un stade très avancé. Un jour, elle assista à une conférence donnée par le professeur E.B. Weeks du Mouvement New Thought (Nouvelle Pensée), qui proclama outrageusement que Dieu, qui était toute bonté et toute-puissance, ne voudrait jamais que quelqu'un soit malade. De plus, dit-il, si elle se mettait en harmonie avec cet esprit tout-puissant, elle découvrirait la nature de son vrai moi — qui ne pouvait être qu'en bonne santé.

Myrtle commença à répéter sans cesse l'affirmation qui suit : « Je suis une enfant de Dieu et de ce fait, je n'ai pas hérité de maladie. » Elle refusa de « juger sur les apparences » et glorifia l'énergie vitale de Dieu qui imprégnait toutes les cellules de son corps. Petit à petit, la santé de Myrtle s'améliora. En l'espace de deux ans, il n'y eut plus aucun signe de ses anciennes maladies.

Le mari de Myrtle, Charles, assista à la guérison incroyable de son épouse et décida d'essayer les mêmes affirmations. Il était, lui aussi, considéré comme invalide. À la suite d'un accident dont il a été victime durant son enfance alors qu'il faisait du patin à glace et après avoir subi une série d'interventions chirurgicales, la cavité articulaire de sa hanche était sévèrement endommagée et une de ses jambes avait cessé de se développer. Il portait une prothèse en acier pour que la longueur de ses jambes soit égale. Il s'imaginait que le mieux qu'il puisse faire était d'apprendre à vivre avec une douleur chronique.

Comme Myrtle, Charles Fillmore se mit à affirmer qu'il existait une force énergétique toute bonté et toute-puissance. Non seulement il fut complètement guéri en l'espace d'une année, mais sa jambe plus courte rattrapa l'autre. L'univers a pris soin de lui.

La méthode

La réalité n'est qu'une illusion, même si elle est persistante.

— Albert Einstein, physicien théoricien d'origine allemande

Cette expérience prouvera ce que Sally Field a finalement découvert quand elle a remporté l'Oscar de la meilleure actrice pour son rôle dans le film *Les saisons du cœur* : « Vous m'aimez, vous m'aimez vraiment. » Elle prouvera à quel point votre monde est vraiment sublime.

Pendant les prochaines quarante-huit heures, nous allons suivre la bonté et la beauté.

Bien sûr, les archives de l'histoire sont écrites en lettres de sang — des guerres, des trahisons et de la rivalité. Mais comme le dit le paléontologiste, Stephen Jay Gould: «Les archives des fossiles montrent de longues périodes ininterrompues de stabilité biologique.»

En fait, c'est un paradoxe structural qu'un acte violent nous détourne des 10 000 actes de bonté. La courtoisie humaine, la bonté et la beauté, proclame-t-il, sont la norme.

Il déclara qu'il est de notre devoir et de notre responsabilité sacrée de remarquer et d'honorer le poids victorieux de tous les innombrables petits gestes de bonté qui passent trop souvent inaperçus.

Gardez un journal à portée de la main pendant les deux prochains jours et faites la liste de tous ces gestes de bonté. Voici quelques exemples de ce que vous pourriez énumérer:

- Ma femme m'a embrassé avant que je parte pour mon rendez-vous chez le docteur.
- La réceptionniste et moi avons comparé les photos de son bébé et de mon petit-fils qui viennent tous les deux de naître.
- Quand je suis entrée dans mon bureau les bras chargés de livres, un inconnu m'a tenu la porte.
- Le préposé à la cafétéria m'a adressé un sourire et m'a demandé ce que je souhaitais manger.
- Des étudiants présents dans la cantine bondée de monde m'ont gentiment proposé de partager leur table.
- Mes courriels étaient tout mélangés et un collège m'a aidée à les réorganiser.
- Un collègue d'un autre État a répondu à mon message désagréable avec gentillesse et bonne volonté.

Rapport d'expérience

Le principe : Le principe du pain et du poisson.

La théorie : L'Univers est sans limite, prospère et étrangement accommodant.

La question : Le fait de me concentrer sur les aspects négatifs m'empêche-t-il de voir la réalité ?

L'hypothèse : Si je change ma façon de voir les choses et si je fais un effort concerté pour chercher la bonté, la beauté et la prospérité, elles apparaîtront en abondance.

Temps nécessaire : 48 heures.

Date du jour : ____________________ **Heure** :____________________

Nombre de choses bonnes et belles : ____________________________

L'approche : J'ai entendu le vieux dicton : « Ce à quoi vous accordez de la valeur croîtra. » Alors, je vais voir de quoi il en retourne. Qui sait ? Exprimer sa gratitude est peut-être plus que quelques paroles en l'air d'Oprah à propos du livre *Pollyanna*. Après tout, Willie Nelson a dit que lorsqu'il a commencé à faire le compte de ses bienfaits, sa vie entière a été transformée. Comme Willie, je suis prêt à gager sur la probabilité de paix, bonheur et joie. Par conséquent, je vais activement partir à la recherche de la bonté avec toute mon âme.

Notes de recherche : ____

____

Nous avons plus de possibilités à notre disposition à chaque moment que nous ne le réalisons.

— Thich Nhat Hanh, moine bouddhiste et activiste pour la paix

Épilogue

Encourageons-nous les uns les autres

Il est bon de se réunir dans le but de cocréer.

ABRAHAM-HICKS

Hourra ! Bravo ! Vous avez réussi à vous rendre à la fin du livre et à faire les neuf expériences, enfin je l'espère. Vous avez bravement relevé le défi, ce qui signifie que vous avez fait le plus difficile. Mais si vous abandonnez maintenant, vous manquerez la meilleure partie de l'aventure. Vous êtes arrivé au point où vous allez commencer à récolter les fruits de vos efforts.

J'aimerais vous suggérer de former un groupe dans votre ville, votre communauté religieuse ou même chez Home Depot (à condition que vous ne leur disiez pas que c'est moi qui vous ai envoyé) avec d'autres personnes qui ont lu ce livre.

Même si le CP est toujours avec nous et toujours prêt à nous guider, parfois il est très utile d'avoir de véritables êtres humains pour nous le rappeler. Et qui sait, nous pourrions apprécier la compagnie.

C'est pourquoi il est vital de trouver des partenaires, d'autres combattants spirituels qui sont prêts à vous écouter, vous applaudir et vous rappeler pourquoi vous faites cela. Comme Abraham-Hicks aime le dire : « Quand vous êtes connecté à l'énergie qui crée les mondes, l'Univers vous met en présence d'autres personnes ayant les mêmes vibrations. »

C'est presque comme une agence de rencontres cosmique. Ces « coéquipiers et coéquipières » entreront dans votre sphère vibratoire (qui se ressemble s'assemble), et ensemble vous serez capable de « maîtriser » l'énergie jusqu'à ce qu'elle explose de façon exponentielle et laisse apparaître un monde nouveau et une délicieuse nouvelle façon d'être. Première recommandation ? Amusez-vous et ayez du plaisir. C'est et ce sera toujours le meilleur moyen de générer de l'énergie.

Créez un cercle protecteur pour que chacun d'entre vous se sente en sécurité et valorisé. Il n'est pas nécessaire de s'engager à y passer quatre heures. Vous choisirez peut-être de le faire par téléphone. Mais il est important de mobiliser les autres avec lesquels vous pourrez partager les résultats de vos expériences — d'autres qui sont aussi en train d'effectuer les expériences.

Partagez vos histoires. Inspirez-vous les uns les autres. Mettez sur pied de nouvelles expériences. Mon groupe propose une nouvelle expérience chaque semaine. Cela peut aller de quelque chose comme calmer les énergies dans une pièce survoltée (cela fonctionne comme un charme ; contentez-vous d'irradier la paix et le calme et observez comment cela change l'énergie présente, par exemple, dans un restaurant ou dans une salle de réunion bondée) ou changer la teneur d'une relation au sein de laquelle vous émettez des jugements et des conclusions automatiques. Les membres de mon groupe s'amusent comme des fous à retracer nos succès et à évoquer les fois où nous avons échoué à nous sortir du conditionnement désuet — deux plans de cours puissants.

Dans ces cercles, il est impératif de parler et de se concentrer sur la vie telle que nous voudrions qu'elle soit et non telle qu'elle pourrait paraître.

Au lieu de demander : « Qu'est-ce qui ne va pas ? » — probablement la question la plus répétée —, concentrez-vous sur : « Qu'est-ce qui va bien ? » C'est la seule question qui a vraiment un sens. La réponse est la nouvelle histoire plus joyeuse que vous vous efforcez de créer. Au cours de toutes vos réunions, partagez des exemples montrant que votre vie est en pleine amélioration et en pleine croissance.

Et comme toujours, appréciez, embellissez, affirmez et rêvez tout en gardant ces trois choses à l'esprit :

1. Vous êtes génial. Que vous en soyez conscient ou non, vous êtes un être énergétique extrêmement puissant.

2. Le vaste champ de potentialités n'a pas de limites. Absolument tout est possible. Il suffit d'avoir la volonté d'ouvrir votre esprit, d'abandonner vos conditionnements démodés et de continuer à multiplier les idées plus joyeuses, plus libérées et plus larges.

3. Nous sommes tous dans le même bateau. Si nous prenons soin les uns des autres et faisons notre possible pour nous apprécier et nous amuser ensemble, nous y gagnerons tous — chacun d'entre nous est valorisé. Bien sûr, nous pouvons cheminer seul jusqu'à la ligne d'arrivée. Mais la véritable joie apparaît lorsque nous faisons le voyage ensemble, lorsque nous élevons nos voix en une seule voix puissante pour crier *Hourra* !

Remerciements

J'ai entendu dire qu'il fallait un village pour élever un enfant. Eh bien, c'est la même chose pour produire un livre.

Les « habitants du village » pour E^2 comprennent, mais ne sont pas limités à :

Toute l'équipe sympathique de Hay House : Alex Freemon, Shannon Littrell, Christy Salinas, Pam Homan et Stacey Smith, qui est intervenu en ma faveur depuis le début. Merci, Stacey ! Et merci, Christy, pour avoir réalisé promptement cette extraordinaire couverture.

Alex, j'ai renâclé la première fois que j'ai vu tous vos commentaires et vos corrections, mais à présent, je m'incline devant votre perspicacité. Vous avez été une réponse à une prière.

Jim Dick, qui est une des trois personnes les plus patientes de la planète ; Kitty Shea ; Joyce Barrett ; Betty Shaffer ; the Fusion Sisters ; mes amis du mercredi matin de l'association Spiritual Entrepreneurs, mon groupe Vortez et, bien sûr, Taz.

À propos de l'auteure

Pam Grout a écrit 16 livres, trois pièces de théâtre, une série pour la télévision et deux applications iPhone. Elle écrit des articles pour *People Magazine*, CNNgo.com, *The Huffington Post*, et son blogue sur les voyages, www.georgeclooneyslepthere.com. Découvrez-en plus sur Pam et sa perception de la vie hors de l'ordinaire en visitant son site web, mis à jour de temps en temps : www.pamgrout.com.

Achevé d'imprimer en janvier 2020
sur les presses de la Nouvelle Imprimerie Laballery
58500 Clamecy
Dépôt légal : janvier 2017
Numéro d'impression : 912211

Imprimé en France

La Nouvelle Imprimerie Laballery est titulaire de la marque Imprim'Vert®